Reisen nach Auschwitz

Ein Lesebuch

Herausgegeben von Volker Häberlein

Die Deutsche Bibliothek verzeichnet diese Publikation in der Deutschen National-
bibliografie; detaillierte bibliografische Daten sind im Internet über http://dnb.ddb.de
abrufbar.

Titelbild: © Heike Schmidt-Brücken

Gestaltung und Satz: Cornelia Fritsch, Gerlingen
Lektorat: Isolde Bacher, text_dienst, Stuttgart
Druck: CPI books GmbH, Leck

In Kommission in
Verlag und Buchhandlung der Evangelischen Gesellschaft GmbH, Stuttgart
Augustenstraße 124, 70197 Stuttgart, Telefon 07 11/60 10 00, Fax 6 01 00 76,
www.verlag-eva.de

ISBN 978-3-7918-8052-5

Dieses Buch widme ich meinem leider viel zu früh verstorbenen
Freund Kurt Senne (1939–1998), Professor für soziale Arbeit
an der Hochschule Esslingen,
und
Fritz Bauer (1903–1968), dem mutigen und gradlinigen Staatsanwalt
der Frankfurter Auschwitzprozesse, den ich leider nicht persönlich
kennengelernt habe.

Mit freundlicher Förderung durch die

Evangelische Gesellschaft Stuttgart e.V.

Paul Lechler Stiftung gGmbH

Diakonisches Werk der evangelischen Kirche
in Württemberg e.V.

Volker Häberlein

Vorwort

Seit 1985 fahre ich regelmäßig nach Auschwitz. Anfangs vor allem mit Jugendgruppen, durchaus auch zweimal im Jahr. In den vergangenen 15 Jahren nur noch in jedem zweiten Jahr, dafür vor allem mit Erwachsenen, häufig auch älteren Menschen. An diesen Reisen haben insgesamt etwas mehr als 500 Menschen teilgenommen. Von ungefähr 15 Teilnehmerinnen und Teilnehmern weiß ich, dass sie anschließend mit eigenen Gruppen nochmals nach Auschwitz und Birkenau gefahren sind, sodass seit meiner ersten Fahrt 1985 fast 1000 Menschen, mit denen ich unmittelbar oder mittelbar zu tun hatte, sich mit dem Thema Nationalsozialismus, seiner Arbeits- und Vernichtungsideologie und seinen vielen anderen Facetten beschäftigt haben. Das freut mich sehr, auch weil ich weiß, dass der Besuch der Gedenkstätte immer auch eine Vielzahl von Gesprächen und Diskussionen im Freundes- und Familienkreis ausgelöst hat. Das Thema wirkt weiter!

Von Teilen der pädagogischen Fachöffentlichkeit und einigen Fachleuten werden die Gedenkstättenfahrten vor allem mit rechts orientierten Jugendlichen kritisch bewertet. Ihr Nutzen für eine Bewusstseins- und Verhaltensänderung wird als fragwürdig bezeichnet und eher gering eingeschätzt. Meine Erfahrung ist eine andere: Die Fahrt und die Erfahrungen und Erlebnisse in Auschwitz, vor allem die Begegnung mit den vielen Menschen dort, haben einen tiefen Eindruck hinterlassen, der häufig bis in den Alltag der jungen Menschen hineinreicht. Die Reisen in die Gedenkstätte Auschwitz und Birkenau haben im Programm der Mobilen Jugendarbeit Stuttgart in den 1980er/1990er-Jahren einen festen Platz gefunden und so dazu beigetragen, dass sich Jugendliche unterschiedlichster Gruppen und Altersstufen gemeinsam mit diesem Thema auseinandersetzten.

Dass die Problematik nach wie vor sehr aktuell ist, zeigen die Aktivitäten des Nationalsozialistischen Untergrunds (NSU) in Deutschland. Eine vor wenigen Jahren bekannt gewordene, bisher nicht für möglich gehaltene Mordserie an Migranten erschüttert Deutschland. Gleichzeitig bestätigen Meinungsforscher einem erschreckend hohen Prozentsatz der Bevölkerung in Deutschland einen latenten Antisemitismus.

Als ein Freund mich aufforderte, meine Erfahrungen bei meinen Auschwitzfahrten aufzuschreiben, zögerte ich zuerst, weil mir nicht klar war, wer von meinen bzw. unseren Erfahrungen einen Nutzen haben sollte. Über Auschwitz und Birkenau gibt es schon so viele Bücher und Filme, und ein Buch mehr würde, so dachte ich zuerst, bedeutungslos im Meer der Medien versinken.

Was mich letztlich dann doch dazu motivierte, war, dass diese Fahrten Auswirkungen auf das Leben und Handeln der Teilnehmerinnen und Teilnehmer hatten, die die Aufarbeitung der Geschichte auf individuelle Art umzusetzen begannen.

Eine Teilnehmerin (siehe Bericht von Frau Franz) hat sich intensiv mit Georg Elser beschäftigt und sich mittlerweile als Expertin für das Leben dieses Widerstandskämpfers einen respektablen Namen gemacht. Sie wird von Bildungseinrichtungen, Schulen, anderen Organisationen usw. gebucht und trägt so dazu bei, dass Georg Elser und seine mutige Tat nicht in Vergessenheit geraten.

Ein anderer Teilnehmer (siehe Bericht von Martin Steinbrenner) bietet im Rahmen einer Weiterbildung der Evangelischen Gesellschaft bereits zum dritten Mal Fahrten ins Konzentrationslager Buchenwald an.

Wieder andere Teilnehmerinnen und Teilnehmer wirken in vielfältigster Art, z. B. als Diskussionsteilnehmer auf Podien zum Thema Gedenkstättenpädagogik, als Verfasser von Fachartikeln usw. weit über die Fahrt hinaus.

Diese Initiativen finde ich beeindruckend und das Engagement dieser Menschen überzeugt mich sehr.

All diese Aktivitäten haben mich dazu bewogen, kein eigenes Buch zu schreiben, sondern ein Lesebuch zu konzipieren. Darin sollen unterschiedlichste Eindrücke, Sprachformen und Literaturstile zum Ausdruck kommen können.

So ist es nun ein Lesebuch von vielen für viele geworden. Sein Gebrauchswert wird sicher sehr unterschiedlich bewertet werden. Es ist mir sehr wichtig, zu zeigen, dass die Auschwitzfahrten mit Jugendlichen sinnvoll und notwendig sind, denn Lernen findet auf ganz unterschiedlichen Ebenen statt. Ideal wäre der Einsatz als Arbeitsbuch für Schulklassen im Geschichts- und Religionsunterricht oder als Arbeitshilfe in der außerschulischen Jugendbildungsarbeit.

Das Buch eignet sich auch als Lektüre für alle, die ein Gespür dafür bekommen möchten, wie Auschwitz und Birkenau in die Seele von uns Nachgeborenen hineinwirken und lebendig sind.

Auch nach dem Besuch der Gedenkstätte kann das Buch für viele hilfreich sein bei der Verarbeitung der Eindrücke, wenn sie lesen, wie andere mit dieser Begegnung umgegangen sind und was es für sie bedeutet hat.

Sie als Leserin und Leser sollen nach der Lektüre im besten Fall in sich den Impuls spüren: Ich will mit meiner Familie nach Auschwitz und Birkenau fahren. Ich will wagen, es mit meinen eigenen Augen zu sehen und zu erleben.

Heinz Gerstlauer, Vorstandsvorsitzender
der Evangelischen Gesellschaft Stuttgart

Grußwort zum Lesebuch von Volker Häberlein

„Dass Auschwitz nicht mehr sei ..." Wie oft habe ich als junger Student diese Zielbestimmung aller Pädagogik nach dem Dritten Reich gelesen und zitiert. Und nun begegnet sie mir wieder als zentrales Motiv der Reisen nach Auschwitz, die Volker Häberlein über Jahre hinweg angestoßen und durchgeführt hat. Zunächst mit Jugendlichen der Mobilen Jugendarbeit und später mit Mitarbeitenden der Evangelischen Gesellschaft oder aus dem Bereich der Pädagogik. Für die einen bedeutet diese Fahrt eine persönliche Auseinandersetzung mit Erfahrungen des Ausgegrenztseins, für die anderen eine Reise in die Vergangenheit ihrer Väter und Mütter oder Großväter und Großmütter. Für alle jedoch ist sie eine Konfrontation mit der Tatsache, dass Menschen zu allem fähig sind. Der Mensch als Täter und als Opfer, als funktionierendes Rad und als solcher, der dem Rad in die Speichen fällt. Niemand kommt unverändert von einer solchen Reise zurück. Die erstaunlich unterschiedlichen Berichte sprechen ihre eigene Sprache. Der Autor lässt uns teilhaben an seiner persönlichen Geschichte, die seinem Interesse an Auschwitz zugrunde liegt. Er präsentiert sich aber auch als erfahrener Pädagoge, der diese Reisen in seine alltägliche Arbeit mit Jugendlichen und Erwachsenen im Sinne Adornos konzeptionell einbindet.

Dieses Buch ist kein schönes und kein angenehmes Lesebuch. Man kann es nicht in einem Zug und schon gar nicht am Stück lesen. Es lässt die Gedanken unweigerlich abschweifen in die eigene persönliche Vergangenheit und zwingt zur Reflexion der eigenen theologischen, pädagogischen und auch politischen Praxis. Dass diese Reisen im Rahmen der Evangelischen Gesellschaft stattgefunden haben und weiter stattfinden, begrüße ich sehr. Denn die Würde des Menschen als Ebenbild Gottes beschäftigt uns jeden Tag. Als Täter und als Opfer. Ganz besonders freut mich der Abdruck der Kreuzwegmeditation am Ende des Buches. Sie bietet uns eine spirituelle Geborgenheit, die uns mit dem Erschrecken nicht allein lässt, sondern uns mitnimmt auf dem Weg, dass Auschwitz nicht mehr sei.

Volker Häberlein

Einleitung

Dieses Buch ist als Lesebuch konzipiert und so setzt es sich aus unterschiedlichen Teilen zusammen. Sie können also an jeder beliebigen Stelle in das Buch hineinlesen, ohne dass Sie den Anschluss an ein weiteres Kapitel verlieren. Eine Gliederung ist vorhanden, aber sie ist erst auf den zweiten Blick erkennbar.

Im ersten Teil beschreibe ich, wie ich mit einer Gruppe, die ich betreute, zum ersten Mal nach Auschwitz und Birkenau fuhr. Immer wieder sind meine eigenen biografischen und persönlichen Inhalte eingefügt.

Danach folgt die theoretische Begründung von solchen Fahrten, da kein Konzept bei meinen ersten Fahrten eine handlungsleitende Rolle gespielt hat und sich das als nicht sinnvoll erwiesen hat.

Im Laufe der Zeit wurden die Spontan-Fahrten zu einem bildungspädagogischen Programmpunkt der Gruppenarbeit in der Mobilen Jugendarbeit. Die dabei gewonnenen Erkenntnisse habe ich dann übertragen auf meine Reisen mit Mitarbeiterinnen und Mitarbeitern meiner Organisation und mit anderen Gruppen.

Das Buch beschreibt Erfahrungen und Eindrücke von Menschen, die Auschwitz und Birkenau besuchen, und versucht in Worten auszudrücken, wie und mit welchen Mechanismen Menschen und Gruppen mit dem Unfassbaren umgehen. Ein ausführliches Kapitel ist deshalb dem Programm gewidmet. Darin habe ich Tipps und Reiseerfahrungen mit aufgenommen. So soll verdeutlicht werden, wie flexibel und sensibel Programmgestaltung für Gruppen in Auschwitz und Birkenau gehandhabt werden sollte und wie ein Beiprogramm gestaltet werden kann.

Im Kapitel „Berichte der Teilnehmerinnen und Teilnehmer" schreiben Mitreisende in ihrer Form und Sprache das, was sie dachten, empfanden und erlebt haben. Ich habe die Texte weder gekürzt, noch sprachlich oder inhaltlich korrigiert oder verändert.

Die Kreuzwegmeditation habe ich an den Schluss gesetzt, weil sie eine meditative ausdrucksstarke Form hat. Sie spricht für sich.

Am Ende steht der Dank an all jene, die zum Gelingen dieses Lese- und Arbeitsbuches beigetragen haben.

Inhaltsverzeichnis

Volker Häberlein

Kapitel 1: Impuls

Wie es begann

Der junge Mann stand bedrohlich nah vor mir, streckte den Arm zum Hitlergruß aus und schrie mir provozierend ins Gesicht: „Heil Hitler!" Ich legte meine Hand auf seine, formte sie zu einer Faust und bemerkte nur kurz: „So gefällt es mir besser." Der Jugendliche war für einen Moment sprachlos, was er danach tat, weiß ich nicht mehr. Ein anderer Jugendlicher hatte auf seinen Fingerknöcheln die Buchstaben HASS tätowiert.

Und als ich einmal die Themen Nationalsozialismus, Konzentrationslager und Judenvernichtung in Gaskammern ansprach, wurde ein Jugendlicher sehr ruhig und immer bedrückter. Als ich ihn ansprach und fragte, was los sei, ob ihm schlecht sei oder ob ihm das Thema zu nahe gehe, antwortete er mit weinerlicher Stimme: „Ja – mein Großvater ist auch im Konzentrationslager ums Leben gekommen." Im Raum wurde es still. In meinem Kopf kreisten die Gedanken und ich fragte mich: Wie kann ich ihm helfen? Wie bekomme ich die Situation pädagogisch in Griff? Was sage ich, ohne ihm zu nahezutreten und ohne zu oberflächlich zu bleiben?

Ich weiß nicht mehr, wie lang es still war. Plötzlich hob der Jugendliche den Kopf und schrie in den Raum: „Mein Opa ist besoffen vom Wachturm gefallen." Die Gruppe grölte, johlte und kriegte sich fast nicht mehr ein ob dieses gelungenen Witzes. Blamiert, beschämt und sprachlos rutschte ich in meinem Sessel immer tiefer nach unten. Am liebsten wäre ich nicht hier gewesen. Die Gruppe tobte und manche drangen in mich mit Sätzen wie: „Das war doch nur ein Witz, das darfst du nicht so ernst nehmen, der hat eh einen Knall, und komm, sei doch nicht so ernst, wegen der paar Juden" usw. Irgendwann hatte ich wieder Kontakt zu meinem Kopf und sagte mehr aus Hilflosigkeit als aus pädagogischer Intervention und wohlüberlegter Zielformulierung: „Lasst uns doch einmal zusammen nach Dachau fahren und uns ein Konzentrationslager aus der Nähe anschauen, dann können wir weiter diskutieren." Die Jungs und Mädels waren nicht abgeneigt, allerdings stellten sie eine Bedingung, nämlich dass ich anschließend mit ihnen nach München ins Hofbräuhaus ging. Ich dachte mir: O. k., mit Speck fängt man Mäuse, das Übel Hofbräuhaus nehme ich in Kauf; Hauptsache, wir besuchen das Konzentrationslager! Ich selbst hatte auch noch nie ein Arbeits-, Konzentrations- oder gar Vernichtungslager besucht, weder mit der Schule noch mit meinen Eltern oder während des Studiums. Kurze Zeit später fuhren wir nach Dachau. Die ganze Aktion war ein totaler Reinfall, ein pädagogischer „Super-Gau". Lustlos und ohne Motivation zogen die Jugendlichen über das Lagergelände, ich schämte mich für sie und für mich, war innerlich aggressiv. Ich versuchte natürlich, meine Gefühle nicht zu offen zu zeigen, und war sehr gern bereit, nach München zu fahren, um mich nur nicht weiter diesem Grauen an einem grauenvollen Ort auszusetzen. Nun gut, ich hielt mein Versprechen und wir besuchten das Hofbräuhaus. Eine rechte Bierkellerstimmung wollte aber nicht aufkommen und so fuhren wir relativ früh (und im Großen und Ganzen nüchtern) nach Stuttgart zurück.

In meiner Analyse ging ich ziemlich schonungslos mit mir um: Ich hatte mich auf Dachau nicht vorbereitet. Ich wusste nicht, was mich, was uns erwarten würde, und mit Geschichtsaufarbeitung, spezieller Gedenkstättenpädagogik mit ihren Methoden, ihren Zielen und didaktischen Grundlagen hatte ich mich auch noch nicht beschäftigt.

Irgendwie fühlte ich mich verdammt schlecht, und den Jugendlichen gegenüber empfand ich mich dafür verantwortlich, dass ich nicht alles getan hatte, damit sie etwas hätten lernen können. Die Gruppe selbst kam zu völlig anderen Ergebnissen: „Das war langweilig. Da sieht man ja gar nichts! Wo sind die Gaskammern, die du versprochen hast?! (In meiner Erinnerung hatte ich keine Gaskammern versprochen). Da steht nur eine Baracke, es ist zu viel zum Lesen, das interessiert uns nicht." In meiner Not konterte ich mit: „Dann müssen wir halt nach Auschwitz, da sieht man noch alles."

Danach gingen wir zum Alltag über.

Die Jugendlichen

Damals in den 1980ern arbeitete ich als Mobiler Jugendarbeiter in einem Problemstadtteil von Stuttgart. Mein Auftrag war es, mit den Jugendlichen zu arbeiten, die überall aneckten und aus traditionellen

Angeboten ausgegrenzt wurden oder erst gar nicht hingingen. So war die Zielgruppe klar und eindeutig definiert. Es waren sogenannte randständige, gewaltbereite Straßencliquen, rechtsorientiert, suchtgefährdet, bildungsfern und mit weiteren ähnlichen Attributen ausgestattet. Auf den ersten Blick sogenannte richtig schwierige Jugendliche. Aber ich mochte sie, auch wenn sie mich nicht nur einmal an meine pädagogischen und vor allem persönlichen Grenzen brachten.

Die Innenwelt der Jugendlichen

Sie waren verletzlich, sensibel und sehr verschüchtert hinter ihrer harten Schale. Sie hatten Dinge erlebt, die manchen Erwachsenen das Fürchten lehren würden. Sie wurden verprügelt, vom Vater und auch von der Mutter, mit Fäusten, Bratpfannen und mit allem, was die Erzeuger in die Hände bekamen, und doch liebten die meisten dieser Kinder ihre Eltern. Tränen bekam ich am Anfang nie zu sehen; erst nach Jahren begannen sie sich langsam zu öffnen.

Alle waren ängstlich nach außen, aber auch nach innen. Ich sollte nicht merken, wie es ihnen wirklich ging, denn dann würden sie ihr Gesicht verlieren und ihr nach außen mühsam aufrechterhaltenes sogenanntes „Selbstbewusstsein" würde wie ein Kartenhaus zusammenstürzen. Nach außen waren sie stark, optisch sichtbar mit Muskelbergen sowohl an den Armen als auch an den Beinen. Sie waren in der Clique noch stärker als jeder für sich alleine und sie nannten mich „Spargeltarzan": Ich war dünn, kränklich und mit so wenig Muskeln ausgestattet, dass ich ihnen nicht gefährlich werden konnte.

Aber sie sehnten sich auch nach Ruhe, wollten angenommen sein, wie sie waren, verlangten nach ehrlichen Rückmeldungen von Erwachsenen, an denen sie sich orientieren konnten.

Der Alltag der Jugendlichen

Die meisten kamen aus Fürsorgeunterkünften. Sie wuchsen auf in kinderreichen Familien, in baulich sehr schlechten Wohnungen ohne eigenes Zimmer, ohne Rückzugsräume. In der Regel erlebten sie all das mit, was Kinder (und auch Erwachsene) eigentlich nicht miterleben sollten: Gewalt in der Familie, Alkoholexzesse, Streit, ständige Geldsorgen, sexuelle Nötigungen und völlige Verzweiflung. Sie lernten aber auch, dass die Gleichaltrigengruppe wichtig ist zum Überleben und dass sie dort das bekamen, was sie dringend brauchten: Anerkennung, Zuwendung, Lob, Herausforderung und Liebe. Teil einer Straßenclique zu sein bedeutet gleichzeitig ein höheres Risiko dafür, gewaltsame Auseinandersetzungen einzugehen mit strafrechtlichen Konsequenzen, die oft Ausschlüsse aus sozialen Bezügen zur Folge haben. Der Griff zu lebensbedrohenden Suchtstoffen scheint in solch verzweifelten Momenten oft Trost und Ablenkung zu versprechen. Auch diese Konsequenzen waren im Alltag der Jugendlichen sichtbar.

Leben in der Gruppe

Ich lernte sie auf der Straße kennen, zwischen den Hochhäusern. Ich sprach Einzelne an, lud sie ein, in das Clubhaus zu kommen, und eines Tages kamen sie tatsächlich. Wir handelten einen Arbeitskontrakt aus, soll heißen, wir besprachen, was wir miteinander machen wollten, und dann ging es los. Einmal in der Woche für zwei Stunden Club mit mir, mit eigenem Namen und eigenem Abzeichen und eigenen Ritualen. Wir unternahmen viel miteinander, wir reisten ins Ausland, ans Meer, gingen auf Wochenendfreizeiten, verbrachten schöne, aufregende Tage im Schwäbischen Wald, kochten zusammen, drehten Filme und sprachen über Gott und die Welt. Wir führten Schlauchbootfahrten durch, machten Fahrradtouren und Reitausflüge. Wenn die Gruppe keine „Lust" auf Diskussionen hatte, gingen wir ins Kino. In dieser Zeit mussten wir nicht miteinander reden und waren doch zusammen.

Ich besuchte die Jugendlichen in ihren Elendsquartieren, lernte ihre Eltern kennen und konnte mich so nebenbei an der einen oder anderen Stelle nützlich machen, z. B. Kleider- und Geldanträge beim Sozialamt stellen, unnütze Versicherungen kündigen, Erziehungsfragen diskutieren, Rentenanträge stellen, in einem Fall sogar einen Nachlasskonkurs in die Wege leiten. In meiner Anwesenheit wurden viele Schuhkartons hervorgeholt und mit mir Briefe und Mahnungen geöffnet, sortiert und bearbeitet.

Die Kinder und Jugendlichen selber mochten mich als ihren Sozialarbeiter, natürlich nur, soweit sie es wollten. Neben all der Freizeit lernte ich mit ihnen für die Schule, half ihnen bei Bewerbungen, übte Vorstellungsgespräche, bearbeitete mit ihnen Cliquenkonflikte, war Beistand bei Gerichtsverhandlungen und beim ersten Liebeskummer. Ich erlebte sie aber auch, wenn sie die Flucht in den Rausch antraten – vom Saufen bis zum Erbrechen – und der anschließenden Versöhnung mit sich und ihrer Umwelt.

So war ihr Alltag und manchmal ließen sie mich daran teilhaben.

Mitte der 1980er-Jahre

Die NPD erstarkte und hielt Wahlkampfveranstaltungen in unserem Stadtteil ab. In den Nordstuttgarter Stadtteilen hatte diese Partei bei den alten Wählern einen hohen Stimmenanteil. Wir diskutierten viel in der Gruppe und im Stadtteil, welcher Geist in dieser Partei steckt und welche Gefahr diese Rechten darstellen und dass alles schon mal dagewesen sei, und so kam es wieder einmal zum Streit in der Gruppe. Die Jungs fanden die neuen braunen Funktionäre toll, ich fand sie sehr gefährlich für unsere Demokratie. Irgendwann in einer der vielen sinnlosen Kopfdiskussionen verlor ich die Kontrolle und schrie einen der Jungs an: „Bei den Nazis wärst du mit deinem sozialen Status im KZ gelandet und hättest null Chance gehabt, in diesem System zu überleben. Die hätten dich umgebracht!!!"

Das saß. Schweigen. Weitergeführt hat mein hilfloser emotionaler Ausbruch nicht, aber er war hundertprozentig ehrlich. Das haben wohl manche verstanden. Danach wurde das Thema gewechselt. Doch im Zuge dieser ganzen Diskussionen und Auseinandersetzungen erinnerte sich ein Wortführer in der Gruppe, dass ich damals in Dachau gesagt hätte, in Auschwitz sei alles anders, und dass ich versprochen hätte, mit ihnen an diesen Ort zu fahren, wenn sie es wollten. Jetzt wollten sie nach Auschwitz. Zwei Jahre nach Dachau. Und ich bekam kalte Füße und Schweißausbrüche zugleich.

Große Klappe und ein Versprechen

Es war 1985, und ich hatte keine Ahnung, wie ich nach Auschwitz kommen sollte. Zwei Grenzen mit zwei unterschiedlich ausgerichteten kommunistischen Herrschaftssystemen galt es zu überwinden und ich war noch nie in der DDR oder gar in Polen gewesen. Ich hatte keine Verwandten in der DDR und keinerlei Erfahrung mit den praktischen Notwendigkeiten eines grenzüberschreitenden Transitverkehrs, geschweige denn mit Visaantragsstellung, Zwangsumtausch und Benzingutscheinen. Schlimmer noch: Ich wusste gar nicht, was das ganze Unternehmen kosten würde und wer es bezahlen sollte. Außerdem hatte ich keine geografische Vorstellung, wo Auschwitz liegt und wo ich dort mit einer Gruppe deutscher Jugendlicher wohnen könnte. Zum Glück hatte ich damals eine Kollegin im Team, die bereit war, mit mir und ein paar Jugendlichen, die sie betreute, nach Auschwitz zu fahren. So begannen wir im Winter 1984, die erste Reise zur Gedenkstätte zu planen.

Ich machte mich auf den Weg, mein Versprechen einzulösen.

Im Vorfeld der Reise

Ich hatte vorher schon einmal nach Auschwitz gewollt: 1974 plante ich, meinen Zivildienst bei der Aktion Sühnezeichen/Friedensdienste abzuleisten. Nach meiner mühevollen, aber letztendlich erfolgreichen Kriegsdienstverweigerungsverhandlung bewarb ich mich in Berlin bei der Aktion Sühnezeichen für einen Dienst in Auschwitz. Leider bekam ich eine Absage. Ich habe mich später oft gefragt, warum ich unbedingt nach Auschwitz wollte. Wo war in mir der Antrieb bzw. das unverdrängbare Verlangen, an diesen Ort zu fahren?

Ich hatte mich nicht intensiv mit dem Holocaust beschäftigt. Den Frankfurter Auschwitzprozess hatte ich zwar verfolgt, kann mich aber nur noch daran erinnern, welch großes Unverständnis das deutsche Rechtssystem bei mir hinterlassen hat. Ich konnte zu dieser Zeit die Täteranwälte nicht verstehen, die die Opfer ohne Rücksicht ausfragten und immer wieder Details wissen wollten: „Wer hat wie wann wen geschlagen oder erschossen? Wo standen Sie? Was haben Sie gesehen? Nein, so können Sie nichts gesehen haben! Was hatte mein Mandant an? Können Sie sich an die Unform erinnern? Welche Farbe hatte sie? Was war an diesem Tag für ein Wetter? Die Sonne schien Ihnen ins Gesicht, also können Sie gar nichts gesehen haben!" Und so weiter. Solche Fragen an Menschen zu stellen, die den Schrecken überlebt hatten und die nun beweisen mussten, dass die Täter wirklich die Täter sind, das überstieg meine jugendliche Auffassungsgabe und meine Fähigkeit, diese Menschen zu verstehen. Und doch habe ich Auschwitz nicht näher, konkreter an mich herangelassen.

Volker Häberlein

Kapitel 2: Lernerfahrungen in einem fremden Land – Anekdoten und Episoden aus einer anderen Zeit

Trinkgeld

Nach einer Führung mit abschließender Begehung von Birkenau wurde mir unsere polnische Begleiterin in diesem Frühjahr 1986 etwas vertrauter. Sie sprach leise und viel über die Geschichte, das Leiden der Juden und viel mehr noch über das Leiden der Polen an diesem besonderen Ort. Sie erzählte auch einiges über ihre Lebenssituation. Sie kam aus einem Ort etwa 20 Kilometer entfernt von Oświęcim, wie die Stadt Auschwitz auf Polnisch heißt, und fuhr täglich ins Museum, um ihren Beruf auszuüben. In diesen Jahren ging es den Polen sehr schlecht. Alles wurde teurer und ihr Gehalt stieg nicht gleichermaßen an. Sie berichtete ohne große Leidenschaft oder Bitterkeit in der Stimme, eher wie ein Radioberichterstatter, der eine Reportage gelangweilt „herunterkommentierte". Und doch löste diese Frau in mir an diesem Ort mit diesen Themen etwas aus, einen Impuls, ihr zu helfen, etwas gutzumachen, ohne zu wissen, was, aber mein Gefühl war klar und deutlich. Aus diesem Impuls heraus gab ich ihr zum Schluss ihrer Führung ein Trinkgeld von 100 DM. Mir kam es angemessen vor. Die Frau wollte das Geld nicht annehmen. Sie sprach von „viel zu viel" und wollte mir den Briefumschlag wieder in die Hand drücken. Ich verweigerte es und versuchte sie zu überzeugen, dass es für uns nicht zu viel war, usw. Ich bemerkte in all meiner Gefühlsduselei nicht, dass die Frau ihre Würde verteidigen wollte. Schlussendlich nahm sie das Geld an und sagte, sie wolle ihrer Familie davon etwas abgeben.
Im Laufe der Jahre lernte ich viele Polen kennen und ihre Mentalität besser zu verstehen. Erst da verstand ich, dass Stolz und Würde für dieses Volk einen sehr hohen Stellenwert haben.
Bei allen zukünftigen Reisen habe ich die Trinkgelder an die polnische Realität angepasst und damit sehr gute Erfahrungen gemacht. Niemals wieder blieb auf beiden Seiten Betroffenheit und Scham zurück.

Speisekarte

Nach stundenlanger anstrengender Autofahrt kam ich mit meiner Gruppe 1988 sehr spät in Oświęcim an. Alle waren müde, genervt, aggressiv, hungrig und durstig. Also suchte ich zuerst einmal ein Restaurant, wo wir uns alle in Ruhe sattessen und etwas trinken konnten. Wir fanden am Rand von Oświęcim ein schönes kleines Restaurant. Damals waren die Restaurants in Polen immer sehr dunkel gehalten, mit viel rotem Licht und dunklen Möbeln. Der Stil und Charme der 1980er-Jahre.

Die Speisekarte war in Polnisch und wir baten um Übersetzungshilfe. Der Chef persönlich empfahl uns Steak, Pommes, Salat und dazu Coca Cola. Die Welt war nach dieser guten Nachricht für alle wieder bundesrepublikanisch synchronisiert, somit bekannt, und die Stimmung beruhigte sich. Die Magenrezeptoren waren in freudiger Stimmung, das Hirn signalisierte Entwarnung und das Herz schaltete um auf Entspannung.

Dann wurde das Essen serviert: Das Steak war ein fettiges, fleischküchleartiges Gebilde, die Pommes entpuppten sich als polnische Stampfkartoffeln und der Salat bestand in einer halben aufgeschnittenen kalten Essiggurke. Einer der Jungs murmelte „Scheißfraß" vor sich hin und löste damit einen ernsten, aggressiven Konflikt mit dem Kellner aus. Der verstand nämlich Deutsch und konfrontierte den Jugendlichen sofort und unmittelbar: „Was sagst Du? Scheißfraß? Was sagst Du da? Sag das nochmal!" Ich konnte den Konflikt mit vielen Entschuldigungen beruhigen, aber wir standen kurz vor einer körperlichen Auseinandersetzung.

Eine Reise nach Oświęcim ist immer auch eine Reise nach Polen. Das wurde der Gruppe am Beispiel Essen sehr bewusst. Durch dieses Erlebnis war die Gruppe etwas sensibilisiert worden für das Leben in Polen. Mir eröffnete es viele Gelegenheiten zu sehr guten Diskussionen mit den Jugendlichen. Wir verglichen die Verhältnisse in Deutschland mit denen in Polen. Was kostet ein Essen hier und dort? Welche Möglichkeiten haben Jugendliche für ihre Entwicklung in Polen und welche in Deutschland vor dem Hintergrund der jeweiligen Lebensverhältnisse?

Aber die Geschichte hatte noch eine Fortsetzung. Mittlerweile war es kurz vor einundzwanzig Uhr. Wir waren fertig mit dem Abendessen und wollten noch etwas Kleines trinken. Damals konnte man keinen Alkohol zum Essen bekommen, sondern musste dazu in die Bar nach nebenan gehen. Auffällig war, dass im Raum einige Tische mit jeweils einer Person besetzt und deren Tische voller Gläser waren. Ich dachte, die Menschen an diesen Tischen erwarteten noch Gäste. Aber weit gefehlt! Als wir kurz nach einundzwanzig Uhr an der Bar unsere Bestellung abgeben wollten, gab es für uns nichts mehr, denn die Bar schloss um Punkt einundzwanzig Uhr. Ein freundlicher Mann an einem Tisch bemerkte unser Dilemma und lud uns an seinen reich gedeckten Tisch auf ein Glas Bier ein. Er klärte uns auf: Bestellen konnte man nur bis einundzwanzig Uhr, danach gab es bis zur Schließung der Bar um zweiundzwanzig Uhr nichts mehr. Die Gäste hatten auf Vorrat gekauft.

So lernten wir am ersten Abend in Polen innerhalb kurzer Zeit unterschiedliche Reaktionen von Menschen auf Umstände und gegebene Realitäten kennen.

Abendessen in schlechten Zeiten

Nach einem langen, anstrengenden Besuchstag in Birkenau kamen wir abends ziemlich erschöpft in der Internationalen Begegnungsstätte an und freuten uns alle sehr auf das gemeinsame Abendessen. Die Tische im Speiseraum waren gedeckt und auf jedem Platz stand ein Teller mit einem dampfenden Gericht darauf. Der Schock war für alle sehr groß: Die dampfende Wohltat stellte sich als heiß gemachte, dunkelrote, mit Fettwürfeln durchzogene Blutwurst heraus. Von achtzehn Tellern gingen siebzehn unberührt zurück.

Gastgeschenk

Ein einziges Mal war ich in all meinen Jahren in Oświęcim privat untergebracht. Das war bei meiner allerersten Fahrt. Ich wusste ja nicht, wo ich hinfuhr, und vor allem wussten wir alle nicht, was wir in Oświęcim vorfinden würden. Schon bei der Visumbeantragung hatten wir diverse Erfahrungen gemacht. Den ersten Gruppenantrag bekam ich komplett zurück mit der Begründung, dass ein Campingplatz keine richtige Wohnadresse sei. Also beantragte ich das Gruppenvisum neu, als Wohnadresse gab ich ein Hotel an, und siehe da, ich bekam mein Gruppenvisum zugestellt, inklusive Zwangsumtausch und Benzinvouchers. Für alle, die nicht mehr wissen, was Zwangsumtausch bedeutet, zur Erklärung: Damals musste man pro Tag und Person etwa sechzehn DM in Złoty umtauschen, egal ob man sie ausgeben konnte oder nicht. Benzinvouchers waren ebenfalls in DM einzulösen. Als ich 1985 in Oświęcim ankam, wusste ich nicht, wo wir übernachten konnten. Ich fuhr ein Sporthotel im Ort an und wollte uns einmieten, aber das Hotel war angeblich komplett ausgebucht, was ich mir überhaupt nicht vorstellen konnte. Ich muss wohl ziemlich frustriert und enttäuscht an der Rezeption gestanden haben. Unsere Notlage wurde von der Frau an der Rezeption erkannt, und sie versprach, sich nach einer Übernachtungsmöglichkeit zu erkundigen. Tatsächlich vermittelte sie uns an eine Privatunterkunft, die, wie sich bei Tageslicht herausstellte, keine 300 Meter vom Eingang des Stammlagers entfernt lag.

Wir bezogen eine große Wohnung im Erdgeschoss eines Zweifamilienhauses. Über uns wohnte der Hausbesitzer und Vermieter. Er freute sich sehr über seine Gäste und kümmerte sich liebevoll um uns. Die Jugendlichen hatten viel Spaß mit ihm. Am dritten Tag kam er vorbei und brachte uns ein Gastgeschenk: eine frisch zubereitete Hasenpastete. So nebenbei erwähnte er, dass er einen seiner Hasen extra für uns geschlachtet hätte. Meine Kollegin und ich bedankten uns sehr und zeigten unsere Freude über sein Geschenk. So hatten wir eine exzellente Hasenpastete zum morgendlichen Frühstück und Abendessen, allerdings für uns alleine, denn auch zu diesem Leckerbissen konnten wir die Jugendlichen nicht überreden.

Milizeinsatz bei Kollegen

Ende der 1980er-Jahre übernachtete ich mit einer Gruppe von Jugendlichen aus Stuttgart-Freiberg in der Internationalen Jugendbegegnungsstätte in Oświęcim. Zeitgleich war ein Kollegenteam mit einer Gruppe von Jugendlichen aus Stuttgart-Ost in einem Hotel direkt über dem Eingang zum Stammlager untergebracht. Die beiden Unterkünfte unterschieden sich elementar voneinander.

Die Internationale Jugendbegegnungsstätte war ein weltoffenes Bildungszentrum, auf Jugendliche ausgerichtet und mit entsprechenden, wenngleich damals noch sehr eingeschränkten Freizeitmöglichkeiten. Es gab eine Tischtennisplatte, einen kleinen Sportplatz im Freien, eine kleine Aula, wo man sich abends gemütlich aufhalten konnte, und es gab Möglichkeiten, ungestört eigene Musik zu hören und eben auch in der Gruppe Spaß zu haben.

Im Hotel im Stammlager war alles ganz anders. Die Zimmer waren karg eingerichtet. Es gab keine Möglichkeiten, sich irgendwo gemütlich aufzuhalten, lediglich eine Art Gemeinschaftszimmer, das aber wenig Charme ausstrahlte und Freude in der Gruppe nicht zuließ. Es gab auch keine Möglichkeit, das Lager wenigstens für ein paar Stunden zu verlassen. Von den Zimmerfenstern aus hatte man ständig das Lager vor Augen.

Die Gruppe der Kollegen war zufällig und nur für diese Fahrt zusammengestellt. Die Mitglieder kannten einander nur flüchtig oder gar nicht. So organisierten sie ihr Abendprogramm weitgehend selbst.

Durch den Zwangsumtausch und eigenen Schwarztausch hatte jeder sehr viele polnische Złoty, die man natürlich gar nicht ausgeben konnte. Es war verhältnismäßig viel Geld, vor allem viele Geldscheine, mit relativ geringem Gegenwert. Für deutsche Verhältnisse wenig Geld, für polnische Verhältnisse sehr viel Geld. Die Jugendlichen fingen an zu pokern und hatten viele Geldscheine auf dem Tisch liegen. Polnische Hotelgäste sahen den Umgang und das Verhalten der deutschen Jugendlichen und beschwerten sich bei ihnen direkt und bei den Betreuern. Es kam, wie es kommen musste: Die Jugendlichen verstanden nicht, was ihr Verhalten provozierte, und die Polen verstanden die Motive der jungen Menschen nicht. Es gab ein Handgemenge und schlussendlich musste die polnische Miliz diese für uns peinliche Situation auflösen.

Die Kollegen beschlossen, frühzeitig am nächsten Morgen die Heimreise anzutreten. Ich konnte sie gut verstehen.

Reiseerlebnisse

Bei unseren Reisen nach Auschwitz und Birkenau hatten wir immer einen festen Programmpunkt: das Leben und die Lebensverhältnisse in Polen. Dieser inhaltliche Themenblock hat wesentlich dazu beigetragen, uns alle sensibler für den Lebensalltag unserer polnischen Nachbarn zu machen. Einen besonders nachhaltigen Eindruck hat ein Besuch bei einem polnischen Priester in der Krakauer Arbeiterstadt Nova Huta Ende der 1980er-Jahre bei uns hinterlassen. Das war zu Zeiten der Solidarność-Bewegung. Wir alle waren tief beeindruckt, mit welcher Klarheit und Selbstverständlichkeit dieser Pfarrer in einem kommunistischen Regime seine kritischen Standpunkte offen vertrat. Wir alle bewunderten seinen Mut.

In den Zeiten des Eisernen Vorhangs mussten wir zwei Grenzen passieren: die Grenze zur DDR und die Grenze nach Polen. Mit einem Fahrzeug ist diese Reise sehr beschwerlich, aber auch sehr abenteuerlich. Mit Jugendlichen war ich immer mit Fahrzeugen unterwegs. Auf allen Reisen stoppten wir an der Autobahnraststätte „Wilder Mann" bei Dresden. Eines Nachts kamen wir ziemlich müde und hungrig an besagter Raststätte an und gingen ins Nebenstübchen, das für Fernfahrer geöffnet war, die Hauptraststätte hatte schon geschlossen. Man bediente uns zwar, vermied jedoch sonst jeglichen Kontakt zu uns. Irgendwie hatte ich den Eindruck, dass da noch irgendjemand im Raum war, der Gespräche verhindert hat. Also gingen wir schnell zurück zu unseren Autos. Ich war müde und wollte mich gerade hinlegen, um ein, zwei Stunden auf dem Rastplatz zu schlafen. Dann begann die Diskussion. Ein Begleiter hatte irgendwann einmal gehört, dass man auf Rastplätzen nicht schlafen dürfe, und verbreitete ein Gefühl der Angst und Gefahr, das mir fremd war. Da wir aber alle müde waren, setzten sich die anderen durch und wir schliefen zwei Stunden. Niemand hat sich daran gestört, obwohl die Polizei wohl mehrmals an uns vorbeifuhr.

Einmal kamen wir an einem ziemlich heißen Tag mittags in Görlitz an die Grenze. Es war nichts los an der Grenzabfertigung, aber trotzdem wurden wir nicht abgefertigt. So verging Stunde um Stunde. Alle unsere Getränke waren aufgebraucht. Da beschloss ich, mit drei Jugendlichen in die Stadt jenseits der Grenze zu gehen und in einem Laden Sprudel zu kaufen. Diese Aktion löste eine enorme Aktivität auf DDR-Grenzschutzseite aus. Die Verkäuferin im Laden verkaufte uns aus ihrer und unserer Not heraus billigen Sprudel für teure DM-Preise, da wir ja keine DDR-Mark hatten. Mir war nicht klar, in welche Situation ich uns brachte: Wir waren illegal auf das Staatsgebiet der DDR vorgedrungen. Ein Offizier der DDR-Grenztruppen hat uns gehörig zurechtgewiesen, nochmals drei Stunden warten lassen und zwei Kugelschreiber kassiert. Danach durften wir die Grenze passieren.

Volker Häberlein/Bernd Klenk

Kapitel 3: Konzeption

(LAG Mobile Jugendarbeit/Handbuch, überarbeitet 2013)

Vorbemerkung

Die ersten Fahrten nach Auschwitz sind spontan, ohne Konzeption, ohne formulierte Zielsetzungen und ohne Einbettung in ein reflektiertes Gesamtkonzept der Mobilen Jugendarbeit erfolgt.

Die sehr positiven Ergebnisse der Fahrten haben uns ermutigt, eine Konzeption für solche Fahrten zu schreiben. Wir wollten einen Rahmen setzen, Hilfestellung bei der Planung, Durchführung und Nacharbeit von Fahrten bieten und die Möglichkeiten und Grenzen solcher Fahrten mit Jugendlichen aufzeigen. Und vor allem Mut machen, eine eigene Fahrt mit Jugendlichen zu planen und durchzuführen.

Fahrten nach Auschwitz – eine Möglichkeit zur politischen Bildung für Gruppen in der Mobilen Jugendarbeit

Das Wichtigste vorneweg: Unsere Fahrten mit Gruppen nach Auschwitz und Birkenau sind eingebettet in das Gesamtkonzept der Mobilen Jugendarbeit Stuttgart, um Jugendlichen in schwierigen Lebenslagen zu helfen. Die in Auschwitz und Birkenau gewonnenen Erfahrungen, Eindrücke und Anregungen werden im Rahmen der Gruppenarbeit weiterbehandelt und vertieft. Wir verstehen die Fahrten nach Auschwitz als einen wichtigen Punkt in unserer Arbeit mit Jugendgruppen. Sie sind weder der Anfang noch das Ende der Zusammenarbeit mit der Gruppe, sondern ein Teil des Gruppenkonzeptes.

Die Bedeutung von Auschwitzfahrten

Was bedeuten Fahrten nach Auschwitz für die Gegenwart? Warum sollen sich Jugendliche mit Auschwitz auseinandersetzen? Die rechtsextremistischen Anschläge und die Mordserie der NSU in den vergangenen Jahren zeigen die Notwendigkeit der Auseinandersetzung mit der nationalsozialistischen Vergangenheit und den Gräueln des Holocausts. Adorno hat es in seinem Radioessay „Erziehung nach Auschwitz" sehr deutlich gemacht:

„Die Forderung, dass Auschwitz nicht noch einmal sei, ist die allererste an die Erziehung. Sie geht so sehr jeglicher anderen voran, dass ich weder glaube, sie begründen zu müssen noch zu stellen. Ich kann nicht verstehen, dass man sich mit ihr bis heute so wenig abgegeben hat. Sie zu begründen, hätte etwas Ungeheuerliches angesichts des Ungeheuerlichen, das sich zutrug. Dass man aber die Forderung und was sie an Fragen aufwirft, so wenig sich bewusst macht, zeigt, dass das Ungeheuerliche nicht in die Menschen eingedrungen ist – ein Symptom dessen, dass die Möglichkeit der Wiederholung, was den Bewusstseins- und Unrechtsbewusstseinsstand der Menschen anbelangt, fortbesteht. Jede Debatte über Erziehungsideale ist nichtig und gleichgültig diesem einen gegenüber, dass Auschwitz sich nicht wiederhole. Es war die Barbarei, gegen die alle Erziehung geht. Man spricht vom drohenden Rückfall in die Barbarei. Aber er droht nicht, sondern Auschwitz war er; Barbarei besteht fort, solange die Bedingungen, die jenen Rückfall zeitigten, wesentlich fortdauern."[1]

Was Adorno geschrieben und gesagt hat, hat nichts von seiner Brisanz verloren, und man kann daraus problemlos einen Auftrag ableiten, sich mit dieser gesamten Problematik zu beschäftigen, nicht nur für die Mobile Jugendarbeit. Fahrten nach Auschwitz bieten hierzu die Chance und eine Möglichkeit, dieser Aufgabe gerecht zu werden.

Welche Ziele hat eine Fahrt nach Auschwitz und Birkenau?

Ein Ziel ist das, was man „historische Vergewisserung" nennt. Für viele ist es wesentlicher eindrücklicher, etwas selbst zu sehen, anstatt nur darüber zu lesen oder zu hören. Vor Ort findet eine wesentlich intensivere Auseinandersetzung mit dem Thema statt. Die räumlichen

---

1 Theodor W. Adorno, „Erziehung nach Auschwitz", in: ders., Erziehung zur Mündigkeit. Vorträge und Gespräche mit Hellmut Becker 1959–1969. Herausgegeben von Gerd Kadelbach. © Suhrkamp Verlag Frankfurt am Main 1971. Alle Rechte bei und vorbehalten durch Suhrkamp Verlag Berlin.

Dimensionen von Auschwitz, vor allem von Birkenau, die Spuren der Häftlinge, die Überreste der Gaskammern und Krematorien – das alles ist sehr eindrücklich, und geschichtliche Fakten werden dadurch konkret.

Ziel der Fahrten ist auch die Auseinandersetzung mit Polen und die Internationale Begegnung. Eine Fahrt nach Oświęcim bietet die Möglichkeit, sich mit diesem Land zu beschäftigen, das dortige Sozialsystem kennenzulernen, das Land zu erkunden, Vorurteile abzubauen und die Menschen und ihre Gebräuche kennenzulernen.

Ein weiteres Ziel ist die Auseinandersetzung mit rechtsextremistischen Positionen in der Gegenwart (siehe NSU). Nach wie vor kursiert die „Auschwitzlüge": Auschwitz habe nie als Vernichtungslager existiert, in Auschwitz und Birkenau seien nie Menschen vergast worden. In der Auseinandersetzung mit den rechtsextremistischen Positionen geht es um zeitgeschichtliche politische Bildung, die heute notwendiger scheint denn je.

Ziel der Fahrten ist es außerdem, vor allem Gruppen von Menschen politische Bildung zu vermitteln, die dazu in ihrer Biografie keine Möglichkeit hatten oder sie nur unzureichend genutzt haben und die selbst von tendenzieller Ausgrenzung bedroht sind.

Die Fahrten zu den Gedenkstätten sind eine hervorragende Möglichkeit, etwas zu lernen.

Wie sieht dieses Lernen aus?

Im Gegensatz zum schulischen Lernen, das bei Jugendlichen oft angstbesetzt ist, steht bei unseren Fahrten gruppenpädagogisches, soziales Lernen im Vordergrund. Der Weg ist das Ziel, und es geht dabei nicht um abprüfbares Wissen.

Das soziale Lernen wird von gruppenpädagogischen Prinzipien geleitet:

- Die Gruppe wird dort abgeholt, wo sie steht.
- Individualisierung des Lernens: Jeder bestimmt sein eigenes Lerntempo.
- Störungen haben Vorrang.
- Gruppenregeln werden gemeinsam vereinbart.
- Der Prozess wird über Feedback gesteuert.

Vor Ort wird versucht, die Motivation für die Fahrt und die Erfahrungen dort zu vergleichen. Wie schon erwähnt, findet eine Fahrt nach Auschwitz und Birkenau bei der Mobilen Jugendarbeit Stuttgart nicht als herausgelöster Programmpunkt innerhalb der Arbeit statt. Die Fahrt ist in die Arbeit mit den Gruppen eingebettet. Dies ist für uns die Voraussetzung für den Transfer des in Auschwitz und Birkenau Erlebten auf Situationen und Lebensbereiche, mit denen die Jugendlichen im Alltag konfrontiert werden. Alles, was während der Fahrt geschieht, muss ernst genommen und bearbeitet werden – auch wenn es auf den ersten Blick nichts mit den inhaltlichen Themen der Fahrt zu tun hat.

Planung einer Fahrt

Für die Schaffung von Lernmöglichkeiten und die Durchführung der Fahrt ist eine professionelle Planung notwendig: Zeitpunkt der Fahrt, Programmplanung und Finanzierung sind hier die Stichworte. Bei jeder Fahrt sollte das Kollegenteam sowohl aus Männern als auch aus Frauen bestehen.

Die Planung muss sich mit vier Phasen der Fahrt befassen:
1. Ankündigung, Ausschreibung und Motivation der Teilnehmerinnen und Teilnehmer
2. Vorbereitung der Fahrt
3. Die Fahrt
4. Auswertung und Nacharbeit

Wie können die Planung und die Fahrt ablaufen?

Die erste Entscheidung ist natürlich, ob man mit der Gruppe eine Fahrt nach Auschwitz und Birkenau machen will – trotz aller Unwägbarkeiten und Ängste, die eine solche Fahrt mit sich bringt. Dann beginnt die Planung: Ein Termin muss gefunden werden, Finanzmittel müssen beantragt werden, dabei muss man Fristen einhalten und zusätzliche Finanzquellen suchen.

Neben der organisatorischen Planung müssen auch die inhaltlichen programmatischen Überlegungen beginnen: Was kann die Gruppe dort lernen? Was kann man der Gruppe zumuten? Wie viel inhaltliche Vorbereitung ist notwendig und sinnvoll? Was kann die Gruppe inhaltlich verstehen?

Danach kommt die Phase der Teilnehmergewinnung. Erfahrungsgemäß kann die Motivation, nach Auschwitz zu fahren, für Jugendliche sehr unterschiedlich sein: Interesse an Auschwitz und dem Nationalsozialismus, das Interesse, Beweise für das Verbrechen mit eigenen Augen zu sehen – aber auch das gemeinsame Wegfahren in einer Gruppe mit Freunden; die Möglichkeit, einmal von zu Hause wegzukommen und ein fremdes Land relativ günstig zu besuchen, der „Faszination des Grauens" zu erliegen oder, bei wenigen, auch einfach nur, billig Zigaretten oder Wodka kaufen zu können. Sicher spielen viele Gründe eine Rolle. Wir dürfen und sollen sie nicht an unseren Motiven messen und dadurch überbewerten. Deutlich und entschieden muss allerdings gesagt werden, dass diese Fahrt keine Freizeitreise und keine Vergnügungsfahrt ist.

Ist der Teilnehmerkreis festgelegt, sollten je nach Gruppe ein oder mehrere Vorbereitungstreffen stattfinden. Organisatorisches muss angesprochen werden, z. B. ob visapflichtige Migranten bei der Gruppe sind. Ein fehlendes Visum kann zu langen Wartezeiten an der Grenze führen. Sehr wichtig ist es dabei, die Gruppe thematisch auf die Fahrt vorzubereiten und einzustimmen. Es sollten einige zentrale Themen im Zusammenhang mit dem Dritten Reich angesprochen werden: Führerprinzip, Rassenlehre, Demokratiefeindlichkeit, Ursachen der Vernichtung, Judenhass, politische Verfolgung. Es sollte aber nichts von dem vorweggenommen werden, was die Teilnehmerinnen und Teilnehmer vor Ort erfahren können und werden. Die inhaltlichen Teile müssen einfach und prägnant, die Methoden vielfältig sein und die Möglichkeit der Mitarbeit der Jugendlichen beinhalten – alles nach den schon vorher genannten pädagogischen Prinzipien der Gruppenarbeit.

Bei Fahrten mit Teilnehmerinnen und Teilnehmern aus verschiedenen Gruppen muss ein weiterer Schwerpunkt in der Vorbereitung auf die Bildung eines Gruppengefühls gelegt werden. Vor allem dann, wenn sie aus rivalisierenden Stadtteilcliquen kommen. Minimalziel der Vorbereitung sollte dann sein, dass sich die einzelnen Teilnehmerinnen und Teilnehmer gegenseitig tolerieren.

Die Fahrten nach Auschwitz und Birkenau stellen eine hohe psychische und physische Belastung für alle Mitreisenden dar. Man lebt während dieser Fahrt intensiv zusammen – Spannungen und Konflikte als Ventil für die Belastung sind bereits vorprogrammiert und lassen sich nur ertragen und lösen, wenn schon vorher eine gemeinsame Basis und eine vertrauensvolle Beziehung geschaffen wurden und man sich unter weniger spannungsgeladenen Voraussetzungen kennenlernen konnte.

Da die Fahrten als Bestandteil der Gruppenarbeit begriffen werden, ist eine Auswertung und Nachbereitung der Fahrten zwingend. In der Auswertung können die vor Ort gemachten Erlebnisse und Erfahrungen noch einmal mit einem zeitlichen Abstand reflektiert werden, entstandene Unklarheiten können korrigiert werden. Wichtig ist es auch, einen Raum zu schaffen, in dem die Erlebnisse und Reaktionen (Umfeldrückmeldungen) nach der Fahrt ausgetauscht werden können. Viele Jugendliche stoßen nach der Rückkehr von einer Auschwitzfahrt oft auf das Desinteresse an ihren neuen Erlebnissen und Berichten, die „Daheimgebliebenen" reagieren oft ablehnend oder provozierend. In der Nachbereitung muss man die Jugendlichen unterstützen, emotionale Hilfe und Interesse anbieten und versuchen, mit den Teilnehmerinnen und Teilnehmern diejenigen, die sich ablehnend verhalten, zur Teilnahme an einer der nächsten Fahrten zu motivieren. Wenn das nicht gelingt, muss man auch akzeptieren, dass dieses Thema nicht alle gleichermaßen interessiert.

Welche Lernmöglichkeiten bieten sich in Auschwitz?

Es gibt verschiedene Möglichkeiten, sich in Auschwitz mit verschiedenen Themenbereichen auseinanderzusetzen. Zum einen gibt es die traditionelle Gedenkstättenpädagogik, die mit Führungen durch das Stammlager und durch Birkenau, mit Besuchen der Ausstellungen im Lagergelände, Filmvorführungen, Vorträgen etc. Informationen über das Geschehen in Auschwitz und Birkenau anbietet. Es besteht zudem die Möglichkeit, im Archiv Einsicht in Akten und Berichte von Häftlingen und Bewachern zu bekommen. Diese Methode bietet jedoch sehr wenig Raum für die aktive Auseinandersetzung am Lernprozess und setzt ein hohes Maß an Konzentrationsfähigkeit voraus. Bewährt hat sich auch die Methode des projektorientierten Lernens, die von der Selbstkompetenz der Teilnehmerinnen und Teilnehmer ausgeht. Die Gruppe bestimmt schon in der Vorbereitung selbst, welche Themenbereiche bearbeitet werden sollen. Beispielsweise arbeiten Jugendliche den Lebens- und Sterbeweg eines Menschen aus ihrer Stadt von zu Hause bis nach Auschwitz-Birkenau dokumentarisch aus. Dasselbe kann man auch mit Gruppen von Menschen machen, z. B. Kinder, Frauen, Zwillinge, Sinti und Roma, Bibelforscher etc. Da wird das Historische plötzlich real, ein Mensch oder Gruppen von Menschen wie du und ich werden sichtbar und erlebbar. So kann der Motivations- und Interessensbogen vom Anfang der Fahrt bis zur Präsentation der Ergebnisse der Spurensuche zu Hause hoch gehalten werden. Die Ergebnisse der durchgeführten Lernprojekte zu bestimmten Themen zeigen, dass hier von den Teilnehmerinnen und Teilnehmern Neues herausgefunden und dadurch intensiver gelernt wurde.

Diese Methode hat unser gemeinsamer Freund Kurt Senne hervorragend mit Studentinnen und Studenten der Hochschule für Sozialwesen in Esslingen mit Bezug auf unterschiedlichste Zielgruppen durchgeführt. Für das selbstbestimmte projektorientierte Lernen hat er im Jahr 1998 posthum den Landeslehrpreis verliehen bekommen.

Eine andere schon erfolgreich mit Gruppen getestete Möglichkeit ist es, auf die Führungen im Stammlager zu verzichten und in Kleingruppen das Lagergelände zu erkunden. Die Jugendlichen werden dadurch zum Fragenstellen und zu eigenen Nachforschungen angeregt. Einstellungen und Meinungen zum Thema werden dabei viel deutlicher. Die Jugendlichen vergleichen die Erfahrungen und Eindrücke „vor Ort" mit ihren bisherigen, denken über ihre Vorurteile nach und kommen so zu einer eigenen Meinung.

Will man das Archiv besuchen, besteht die Möglichkeit, sich vor oder während der Fahrt für einen Schwerpunkt zu entscheiden, zu dem man Aktenmaterial haben will. Die Jugendlichen können auf diese Weise selbst bestimmen, was sie dort lernen möchten.

Ein anderes zusätzliches Lernfeld ist die Möglichkeit, im Lagergelände zu arbeiten und so am Erhalt der Gedenkstätte aktiv mitzuwirken. Es geht hierbei nicht um symbolisches Abarbeiten von Schuld oder Sühne, sondern um eine andere Form der Auseinandersetzung mit der Geschichte (siehe „Emotionale Entlastungsmöglichkeiten", S. 45 ff.). Der Zugang zur Geschichte findet dabei nicht nur auf rein intellektuelle Weise statt, sondern Geschichte wird „begreifbar". Man kann selbst etwas tun und muss nicht immer nur zuhören und nachdenken. Das gemeinsame Arbeiten kann sich zudem positiv auf den Gruppenprozess auswirken. Die oftmals unterschiedlichen Fähigkeiten der einzelnen Teilnehmerinnen und Teilnehmer, sich zu dem Thema zu äußern, spielen hierbei eine sehr untergeordnete Rolle bzw. sind irrelevant.

Es gibt Betriebsgruppen, z. B. die Lehrlinge eines deutschen Automobilkonzerns, die bestimmte Projekte zur Lagererhaltung oder Patenschaften für bestimmte Teile der Gedenkstätte übernehmen. Dies ist für den Erhalt der Gedenkstätte Auschwitz und Birkenau als Museum und Mahnmal von großer Bedeutung. Die Programmabteilung der Internationalen Jugendbegegnungsstätte hat eine ganze Reihe von Angeboten, bei denen auch andere Methoden zum Einsatz kommen können, z. B. Theater, Malen, Ausdruckstanz, Dokumentationserstellung mit internationalen Vergleichen von Genoziden usw.

Welche Ergebnisse hat eine Fahrt nach Auschwitz und Birkenau für den Einzelnen?

Hier muss man zuerst einmal festhalten, was eine Fahrt nach Auschwitz und Birkenau nicht bewirkt. Diese Reisen sind keine Saulus-Paulus-Erlebnisse. Man motiviere rechtsorientierte Jugendliche, fahre mit ihnen nach Auschwitz, verpasse ihnen das volle emotionale Programm – und sie kommen alle geläutert zurück! Eine Fahrt, die unter diesem Motto durchgeführt wird, hat nur wenige bzw. gar keine Erfolgsaussichten. Dennoch können wir mit Fug und Recht behaupten, dass Auschwitzfahrten mit rechtsorientierten Jugendlichen eine Möglichkeit sind, sich mit ihrem Welt- und Menschenbild auseinanderzusetzen und dem Rechtsruck mancher Jugendlicher entgegenzuwirken. Diese Reise war für alle bisherigen Teilnehmerinnen und Teilnehmer eine Bewusstseinserweiterung. Für manche bedeutete sie eine heftige Irritation ihrer bisherigen Standpunkte und Meinungen. Alle Teilnehmerinnen und Teilnehmer fahren am Ende der Fahrt mit mehr Wissen über Auschwitz und Birkenau und dem Terrorregime des Nationalsozialismus wieder nach Hause zurück; jeder und jede hat etwas dazugelernt – viele Eindrücke, Erlebnisse und Erfahrungen sind so nachhaltig, dass sie so schnell nicht in Vergessenheit geraten. Vorurteile und Informationsdefizite können auf diese Weise beseitigt und aufgearbeitet werden.

Bei diesen Fahrten lernen die Teilnehmerinnen und Teilnehmer viel über sich selbst und ihr Verhalten durch die Rückmeldungen aus der Gruppe. Man lernt sich besser kennen, verstehen und lernt voneinander. Eine Fahrt nach Auschwitz und Birkenau unterstützt die individuelle Reflexion der eigenen Rolle und des eigenen Verhaltens. Die Jugendlichen fragen sich, welche Rolle sie damals gespielt hätten, auf welcher Seite des Zauns sie gestanden hätten, und verknüpfen die Informationen über Auschwitz mit Erfahrungen der Gegenwart, z. B. mit ihrer Zivilcourage und ihrem Handeln oder Nichthandeln in manchen Alltagssituationen, oder sie denken über den eigenen Umgang mit Minderheiten nach.

Durch eine Fahrt nach Auschwitz werden die Jugendlichen auch emotional an der Geschichte beteiligt. Sie setzen sich mit ihren eigenen Gefühlen und Wertmaßstäben auseinander. Die Fahrt motiviert die Teilnehmerinnen und Teilnehmer außerdem dazu, sich mit Freunden, Familienangehörigen und anderen zu diesem Themenkreis zu unterhalten. Sie beziehen aktiv Stellung, denn sie haben Auschwitz und Birkenau mit eigenen Augen gesehen, durchschritten und auf allen Ebenen vieles erfahren und gelernt. Dadurch sind sie sprachfähiger geworden und somit weniger anfällig für die dumpfen Parolen der rechtsextremen Parteien.

Volker Häberlein

Kapitel 4: Motive

Eine Reise nach Auschwitz und Birkenau ist keine normale Studienreise. Das Reiseziel ist nach wie vor sehr eigen und speziell. Viele meiner Mitmenschen können meine enge innere Verbindung mit diesem Thema weder verstehen noch teilen: „Das ist doch schon so lange her! Die Juden machen doch mit den Palästinensern dasselbe! Wir haben genug Geld an die Juden bezahlt! Den Polen kannst du nicht trauen, pass nur auf, dass du dein Auto wiederfindest! Der Krieg ist doch schon lange vorbei, jetzt ist es genug mit diesem ständigen Einreden von schlechtem Gewissen! Wir haben keine Schuld, die Engländer haben doch das erste KZ gebaut! Die Amerikaner haben ihr Vietnam und die Russen ihren Gulag!" Manche sagen: „Wie interessant!" und wechseln dann schnell das Thema.

Die Reaktionen sind in vielerlei Hinsicht interessant. Sie lösen bei mir mehr Fragen als Antworten aus: Weshalb reagieren manche so heftig, wenn sie allein das Wort „Auschwitz" hören? Warum wird unsere Geschichte, unsere historische Schuld sofort mit den heutigen politischen Verhältnissen in der Welt verglichen und damit die eigene nationale Schuld relativiert? In mir verfestigte sich über all die Jahre ein Leitgedanke: Wir in Deutschland, unsere Eltern und Großeltern, haben Auschwitz und Birkenau jahrelang verschwiegen und verdrängt. Es durfte nicht sein! Heute, wo es sein darf und sein muss, erinnern wir an das unsagbare Verbrechen, bauen große Denkmäler und feiern Jahrestage, aber bei der breiten Bevölkerungsmehrheit kommt meiner Meinung nach etwas nicht an, nämlich dass wir uns heute mehr denn je schämen sollten für diese Taten. So wären wir eher in der Lage, die Verantwortung zu übernehmen für diesen Teil unserer nationalen Geschichte.

Der folgende Auszug aus einem Artikel von Professor Maximilian Gottschlich, Institut für Publizistik und Kommunikationswissenschaft der Universität Wien, verdeutlicht, warum die Scham so wichtig ist.

„Wo die Scham fehlt, dort läuft auch das Erinnern Gefahr, zur bloßen Inszenierung zu verkommen. An ritualisierten Erinnerungsübungen

ist gerade das Jahr 2008 nicht arm gewesen – ob dieses Erinnern auch Ausdruck mitfühlenden Leidensgedächtnisses in der nicht-jüdischen Gesellschaft war, darf bezweifelt werden. Der Schweizer Psychoanalytiker Arno Gruen hat darauf aufmerksam gemacht, dass Scham die einzige Kraft ist, die festgefügten Fronten zwischen Opfern und Tätern aufzulösen. Scham als Ausdruck des Leids, auch jenes der Täter, macht erst jene notwendige Solidarität mit den Opfern möglich. In der Scham über gemeinsames Leid können einander Opfer und Täter begegnen. Scham ist die einzige Verbindung zwischen Opfern und Tätern. Arno Gruen: ‚Mit … Schuldentwicklung fühlen sich die meisten nur angegriffen, anstatt sich für etwas schämen zu können. Durch Scham aber kann ein gemeinsames Leiden empfunden und so eine Veränderung bewirkt werden. Dies ist die Scham, von der Primo Levi, der selbst als Häftling Auschwitz überlebt hatte, schrieb, dass er sie selbst fühlte, die Scham über Auschwitz, die Scham, die ein jeder Mensch darüber empfinden müsste, dass es Menschen waren, die Auschwitz erdacht und errichtet haben. Diese Art Scham bringt gemeinsames Leid, auch des Täters, zum Ausdruck …'"
(Maximilian Gottschlich, Der Scham-Faktor. Warum weder Politik noch Kirche aus den unerlösten Schatten der Schoah treten können.)

Wenn wir uns schämen können, sind wir auch fähig, selbstbewusst in die Diskussionen über all die Probleme in jedem Teil dieser Welt einzusteigen und dazu beizutragen, dass durch konstruktive Problemlösungen und gute Dialoge die Welt friedlicher werden kann. Dann tragen wir auch dazu bei, dass sich Auschwitz nicht mehr wiederholen kann. Ich sehe das als unsere Verpflichtung an, als Teil unseres nationalen Erbes.
Denn wir haben die Verantwortung als Menschen, egal welcher Nationalität oder Religion wir angehören, dass sich Auschwitz nicht wiederholen darf!
Wenn die drei großen Begriffe Schuld, Scham und Verantwortung für jeden definiert sind, kann man sich offen und ehrlich mit der Geschichte auseinandersetzen und auch für die Gegenwart und die Zukunft vorurteilsfrei neue Themen entdecken. Darin liegt eine Chance dieser Reisen.
Als ich das erste Mal nach Auschwitz und Birkenau fuhr, war ich ziemlich kämpferisch. Ich habe nach Argumenten gesucht, um die

anderen von der Notwendigkeit und Richtigkeit dieser Reise zu überzeugen. Resigniert habe ich feststellen müssen, dass all meine Argumente rational begründet waren, und die Überzeugungskraft tendierte gegen null. Mittlerweile habe ich aufgehört, meine Reisen zu rechtfertigen. Ich muss sie heute auch nicht mehr vor mir selbst rechtfertigen.

Biografische Spuren

Ich hatte in der Pubertät heftige Auseinandersetzungen mit meiner Mutter über die Schreckensherrschaft der Nazis. Sie verteidigte sich und ihren Führer, der ja von vielen Taten seiner Schergen nichts gewusst habe. Meine Mutter schilderte das System als ein großes Jugendcamp, das sie verglich mit meinen christlichen Jungscharlagern, die mir ja auch gefielen. Sie erzählte von den tollen Zeiten im Bund Deutscher Mädchen. Für sie war das eine gute Zeit. Damals war ich außer mir, ich machte ihr schwere Vorwürfe: „Ich glaube dir nicht, dass du nichts mitbekommen hast! In Hall gab es doch auch Juden!" Darauf antwortete sie nur, die meisten Juden seien schon vor dem Krieg ausgewandert. Die Diskussionen arteten regelmäßig in einen heftigen Streit aus, der aber nicht zu grundsätzlichen Verwerfungen oder gar zu einer Trennung zwischen mir und meiner Mutter führte, denn es gab in unserer Familie leider viel schlimmere Alltagsprobleme. Und die Realität holte uns beide unvermittelt ein.
Meine Mutter arbeitete als „gute Seele" in einem Jugendhaus. Mit ihr arbeitete ein Kollege, der den Handwerksbereich zu verantworten hatte. Er konnte mit den schwierigsten Jugendlichen umgehen und war eine Art väterlicher Freund für sie. Ich lernte ihn während meiner Zeit als Erzieher im Anerkennungsjahr kennen, das ich im selben Jugendhaus ableistete. Für mich war er ein netter, sehr sympathischer, alter Mann, der eine gute Arbeit machte. Krankheitsbedingt stellte er einen Frühverrentungsantrag. Im Zug der Rentenzeitermittlung wollte er sich Kriegszeiten anerkennen lassen. Dabei kam eine traurige Realität ans Tageslicht: Der liebe, nette, alte und kranke Mann war als Aufseher im Konzentrations- und Vernichtungslager Treblinka in Polen als KZ-Aufseher eingesetzt gewesen. Nach seiner Aussage wurde er zur SS und zu diesem Dienst gezwungen.

Für mich war diese Nachricht schwer zu verdauen. Mit solchen Gefühlen konnte ich als junger Mensch nicht so einfach zurechtkommen. Ich war völlig verwirrt. Mein Gefühl war nicht mehr eindeutig. Ich mochte den alten Mann trotzdem, doch ein anderes Gefühl war eben auch da: sprachlose, traurige Fassungslosigkeit.

Warum fahren trotzdem so viele Menschen nach Auschwitz? Was wollen sie dort erfahren, spüren, wiedergutmachen, enträtseln, verstehen, begreifen oder gar sühnen? Seit Jahren werde ich immer wieder gefragt: Warum fährst du so oft nach Auschwitz? Warum tust du dir das immer wieder aufs Neue an? Weshalb setzt du dich immer wieder diesem grauenvollen Ort aus, der so viel Leiden und Schmerzen beinhaltet? Ich habe für mich bis heute keine eindeutige, einigermaßen nachvollziehbare, schlüssige Antwort auf diese Frage gefunden! Durch meine vielen Besuche, die ich für unterschiedliche Menschen und Gruppen organisierte und durchführte, habe ich aber für mich einige typische Motive beobachtet und erfahren können. Ich habe diese Motive in folgende Kategorien eingeteilt: Suchende, Interessierte, Menschen, die sich schuldig fühlen, Rationale, Halbwissende, Zweifler, Fragesteller, Touristen, die „Wir haben keine Schuld"-Gruppe.

Die Suchenden
Das sind meistens Menschen, die ein Geheimnis, oft ein Familientabu oder einen Verdacht, vor Ort bestätigt bekommen wollen. Diese Menschen haben schriftliche Unterlagen dabei, oft nur einen Zettel mit dem Namen eines Menschen: Diesen geben sie beim Archivleiter im Stammlager ab und bekommen nach kurzer Zeit eine Antwort, ob die gesuchte Person zu der Wachmannschaft des Vernichtungs- und Konzentrationslagers Auschwitz gehört hat. Sie wollen Gewissheit darüber haben, ob ihr Familienangehöriger zu den Tätern gehörte.

Die Interessierten
Diese Menschen wollen Auschwitz besuchen und alles ganz genau sehen. Sie wollen an Ort und Stelle sehen und erfahren, dass das, was sie bisher gehört, gesehen und gelesen haben, an diesem speziellen Platz auch wirklich stattgefunden hat. Sie fragen nach, sie kaufen sich Literatur im Stammlager und setzen sich sofort intensiv mit diesem Teil unserer Geschichte auseinander.

Menschen, die sich schuldig fühlen

Sie können diesen Ort des Grauens nur sehr schwer aushalten. Sie werden von der ganzen Grausamkeit, die man überall sehen und spüren kann, überflutet und empfinden in sich so viel Schmerz und Traurigkeit, dass sie nur noch weinen müssen, weil sie sich schuldig fühlen. Nicht selten tragen sie eine Familiengeschichte in sich. Diese Menschen erleben viele tiefe Momente der Traurigkeit und der emotionalen Überforderung.

Die Rationalen

Diese Gruppe von Menschen hat sich schon lange Zeit sehr intensiv mit dem Nationalsozialismus und dem totalitären System auseinandergesetzt, weiß viel darüber, wie das Hitlersystem funktioniert hat und wie der Terror bis hin zur maschinellen Vernichtung von Millionen von Menschen organisiert und planmäßig durchgeführt wurde. Details und spezielles Wissen (manchmal ist es nur Halbwissen oder spekulatives Wissen) sind reichlich vorhanden. Diese Menschen fragen konkret nach, und wenn ihr Wissen vor Ort nicht bestätigt wird, beginnen sie teils heftige Diskussionen mit dem Historiker der Gedenkstätte oder mit mir als Begleitperson oder mit anderen Gruppenmitgliedern.

Die Halbwissenden

Zu dieser Kategorie gehören viele Jugendliche. Sie haben bereits verschiedentlich von Menschen mit unterschiedlichsten Interessen und Motiven etwas über Auschwitz gehört, gelernt und erfahren. Typisch für diese Gruppe ist, dass dieses Wissen selten in einem historischen oder gar politischen Zusammenhang gesehen wird. Die Kenntnisse über Entwicklungen wie des Antisemitismus und den unterschiedlichen Zeitgeist damals und heute sind nicht vorhanden. Aber diese Menschen sind neugierig, sie wollen wissen, wie Auschwitz geschehen konnte. Mit diesem Impuls und der großen Lernbereitschaft werden unglaublich intensive und spannende Diskussionen ausgelöst, von denen alle profitieren.

Die Zweifler

Das sind Menschen, die es sich einfach nicht vorstellen und auch nur schwer glauben können, dass Menschen so grausam waren, eine solche Todesfabrik zu bauen, und dann auch noch überzeugt davon waren, dass sie rechtmäßig und gewissenhaft handelten. Diese Menschen suchen nach Beweisen, die sie von ihrem inneren, sehr dynamischen Konflikt entlasten. Der Zweifel kann aber auch eine emotionale Bewältigungsfunktion haben.

Mein Zweifel

Auf meiner dritten Reise nach Auschwitz erfassten mich tiefe Zweifel, ob all das, was ich sah, wirklich so war. Ich glaubte plötzlich nicht mehr, dass die Gaskammern wirklich dazu gebaut waren, Menschen industriell zu vernichten. Ich war tief in meinem Innern davon überzeugt, dass dies alles eine Erfindung der Amerikaner sei. Ich lief wie paralysiert durch die Weite von Birkenau. Alles, was sich mir zeigte, löste riesige Widerstände in mir aus. „So was können wir Deutschen doch gar nicht gemacht haben, wir sind doch viel zu weltoffen, freundlich, geistig gebildet und künstlerisch, religiös doch so weit entwickelt!" Nein, ich kannte doch auch außer einem Menschen keinen einzigen Deutschen, der Täter war. Entweder waren alle damals Lebenden Opfer durch grausame Fluchterlebnisse oder sie waren Soldaten, die in der Wehrmacht gedient hatten. Niemand war bei der SS, niemand war an der Zerstörung Warschaus beteiligt, niemand bei den Einsatzgruppen, die hinter der Front Hunderttausende von Juden, Polen und Russen erschossen haben. In meinem Familien- und Bekanntenkreis hatten alle ein reines Gewissen, und irgendwie hatte keiner aus dieser Generation Schuld auf sich geladen.

Auf meinem Weg über die riesigen Wiesen von Birkenau ging so viel durch meinen Kopf: Zweifel, heftige Vorwürfe, die sich an alle meine Lehrer der Vergangenheit richteten, an Pfarrer und väterliche Freunde, die mich auf diese so grausame Realität nicht vorbereitet hatten. Aber wie kann man Menschen vorbereiten auf so viel Barbarei und Grausamkeit, die ich mir bis dahin nie hatte vorstellen können. Mir war nicht klar, dass man kilometerlang über ein Gelände läuft, wo hinter jedem Grashalm mindestens eine Lebens- und Leidensgeschichte versteckt ist.

Der Zweifel entsteht aus einfachen Fragen: So eine Massenvernichtungsanlage kann doch nicht unbemerkt in Europa entstehen! Es muss doch bemerkt worden sein, was dort tatsächlich geschah! Wie kann es sein, dass hochintelligente deutsche Wissenschaftler und gelehrte Professoren und Doktoren über Jahre hinweg Pläne für solch ein Riesenlager entwickelten, Zeichner diese Pläne in Reinform brachten, dass Testreihen entwickelt wurden, wie viel Zyklon B nötig ist, um effektiv, sauber und schnell zu töten. Dass es staatlich anerkannt und gefördert wurde, medizinische Versuche an Menschen vorzunehmen, ohne Rücksicht darauf zu nehmen, ob diese Menschen dadurch starben und oder dauerhafte Schädigungen erlitten. Das ist nur eine kleine Auswahl der Fragen, die über mich hereinbrachen. Die wichtigste für mich jedoch war: Stimmt das, was ich hier sehe, überhaupt??

In Birkenau hat es mich regelrecht psychisch umgeworfen, ich konnte die Realität, meinen Verstand und mein Gefühl einfach nicht mehr in Einklang bringen. Was ich sah, war eine grüne Wiese. Es lag eine unendliche Stille über Birkenau, und um mich herum traf ich auf wenige rücksichtsvolle Menschen, denen ich schweigend begegnet bin. Ich traf auf Jugendliche, die ich begleitete, die ebenso waren wie ich und sich doch mit ähnlichen Fragen beschäftigten. Mein Verstand, mein Geschichtswissen und mein Kopf sagten mir ständig: Das war so und so. Hier wurden 1,1 Millionen Juden vergast. Frauen, Männer, Greise, Kinder, Säuglinge, gebrechliche, schwache, starke Menschen durch Arbeit vernichtet, zu Tode gehungert und gequält. Alles im Namen Deutschlands und im Namen einer überwiegend angepassten ängstlichen Amtskirche. Mein Gefühl rebellierte. Ich glaube, ich musste mich schützen, um handlungsfähig zu bleiben und meine Pflicht, nämlich meine Jugendlichen wieder gut nach Hause zu bringen, so gut wie möglich zu erfüllen. Ich versuchte zwei Tage und Nächte lang, Auschwitz nicht als Wirklichkeit, als Geschehen zu sehen, sondern als Kriegsmärchen. Anders hätte ich das ganze Grauen, das in meine Welt einbrach, nicht mehr ausgehalten.

Auschwitz-Birkenau ist mir zu dicht ans Herz gekommen.

Die Fragensteller

Das sind vor allem Menschen, die mit ihrem Gott und ihrem Glauben hadern. Diese Menschen fragen immer wieder: Wo war Gott? Warum hat Gott dieses alles geschehen lassen? Weshalb mussten so viele Menschen sterben und warum hat es niemand verhindert?? Gott, wo warst du? Viele fragen sich angesichts dieser Tragödie: Gibt es überhaupt einen Gott? Bin ich bisher in meinem Leben einer falschen Kraftquelle, einem leeren Glauben gefolgt? Auschwitz löst auf sehr feine, differenzierte Art und Weise aufgrund der ungeheuren Massivität tiefste existenzielle Fragen aus.

Die Touristen

Diese Menschen erleben Auschwitz als Museum. Sie schauen sich alles an und sind nach zweistündigem Besuch der Gedenkstätte zur Heimreise bereit. Sie schlendern über das Gelände, finden alles sehr interessant, geben ab und zu einen Kommentar ab und versuchen, die speziellen Ausstellungsstücke wie z. B. Haare, Brillen, Prothesen und andere aus Filmen bekannte Dokumentationsgegenstände zu sehen. Auschwitz wird als Reiseziel definiert, besucht, abgeschlossen und als erledigt, abgehakt betrachtet.

Die „Wir haben keine Schuld"-Gruppe

Diese innere Haltung, dass wir als Nachgeborene keine Schuld an Auschwitz haben, löst keineswegs ein Gefühl der inneren Sicherheit aus, wenn Auschwitz oder gar Birkenau betreten wird. Im Gegenteil: Viele Mitglieder meiner Gruppen und auch ich selbst können das eigene Gefühl oft nur etwas hilflos als „komisches Gefühl" benennen, weil uns kein besseres Wort einfällt. Wir Deutsche kommen aus dem Land der Täter, wir gehören dem Volk der Täter an, sprechen die Sprache der Täter und treffen hier an diesem Ort auf Angehörige aus vielen Völkern der Opfer, und diese Tatsache alleine macht schon etwas mit unserer Psyche. Die meisten drücken ihr Dilemma mit den Worten: „Ich fühle mich so komisch!" aus. Wir nach dem Krieg Geborenen haben zwar keine Schuld im Sinne von Täterschuld auf uns geladen, und doch ist meine Erfahrung die, dass viele eine Art stellvertretende Schuld empfinden, die uns zuerst hilflos, dann aber auch unsicher und betroffen gegenüber den Menschen aus den Völkern der Opfer werden lässt. Ein besonderes Merkmal dieser Gruppe von Menschen ist, dass sie mit eigenen Augen sehen, selbst spüren und verstehen wollen, was hier an diesem Ort geschehen ist, den unsere Väter und Großväter (auch die Mütter und Großmütter) immer verdrängten und verschwiegen, für dessen Existenz sie niemals die Verantwortung übernommen haben. Wenn sie dieses erste komische Gefühl (auch ihr Gefühl der Stellvertreter-Schuld) überwunden haben, suchen sie Kontakt zu anderen Menschen und treten in Dialoge ein. Sie haben keine Angst, scheuen sich nicht, bei internationalen Begegnungen und auch bei interreligiösen Diskussionen ihre Meinung zu sagen und ihren Standpunkt zu vertreten.

Resümee

Ich habe mich oft gefragt, zu welcher Gruppe ich gehöre. In den ersten drei Jahren habe ich mich immer als Reiseleiter gefühlt. Ich wollte junge Menschen, vor allem rechtsorientierte gewaltbereite Jugendliche, nach Auschwitz bringen. Mein Ziel war es, dass sie in Auschwitz erfahren, dass sie sehen und spüren können, wohin eine menschenverachtende innere Haltung führen kann, wenn sie auf eine verbrecherische Ideologie trifft, die sie mitreißt. Ich wollte ihnen aber auch zeigen, dass sie im Nationalsozialismus wahrscheinlich auf der Opferseite gestanden hätten. Dieses Leitmotiv, die jungen Menschen geläutert nach Hause zu bringen, hat mich ein paar Jahre lang daran gehindert, mich emotional auf Auschwitz einzulassen und mich mit diesem Ort auseinanderzusetzen. Meine Ursprungsmotivation hatte natürlich sehr viele Auseinandersetzungen, Diskussionen und Aktionen mit den jungen Menschen zur Folge. Meine Erfahrungen sind auch im Nachhinein für mich nicht negativ besetzt. Sie haben auch dazu beigetragen, meine innere Haltung zu entwickeln und mich selbst mehr zu erleben. Heute weiß ich, dass ich selbst unterschiedliche Reife- und Entwicklungsgrade in Auschwitz und Birkenau durchlebt und erfahren habe. Sie reichten vom Betroffensein über Abwehr bis hin zur konkreten kognitiven Auseinandersetzung mit den Mechanismen totalitärer Staaten, weiter zur versöhnlichen Auseinandersetzung mit Überlebenden des Terrorregimes und jungen Menschen jeglicher Einstellung. Ich habe gespürt, dass Auschwitz mehr mit mir selbst zu tun hatte, als ich jemals zugegeben hätte.
Ich habe mich in meiner Kindheit oft wegen meiner Herkunft geschämt. Ich fühlte mich benachteiligt und ausgeschlossen von bestimmten gesellschaftlichen Kreisen. Eine dementsprechend schwierige Karriere in der Schule schloss sich für mich folgerichtig zwangsläufig an. Mein direktes und weiteres Umfeld sah das sicher nicht so, und zum großen Teil handelten sie auch nicht so, nur habe ich es eben so

empfunden. In Auschwitz brach dann alles über mich herein: meine Herkunft, die Grausamkeit der Nazis, Totschlag, Mord, Gottlosigkeit und die Abwesenheit von Gott, der systematische Massenmord. Daneben führte ich die intellektuelle Auseinandersetzung über das System, das reibungslose Funktionieren von Menschen als Teilglied in einer perfekten Kette der Todesmaschinerie, und über die Karrieren von Tätern nach dem Ende des Krieges in der neuen demokratischen Bundesrepublik Deutschland. Auch die Konfrontation mit der mangelhaften Geschichtsaufarbeitung vieler Lehrer, Eltern und anderer Repräsentanten unserer Gesellschaft fehlte nicht. All diese Fragen und Themen brachen zu unterschiedlichen Zeiten auf. Die ganzen intellektuellen Themen sind ständig präsent und werden auch durch Führer, Bücher, Filme, Dokumentationen und Zeitzeugengespräche zur Genüge abgedeckt. Diese vielfältigen Infoquellen brauchen Besucher von Auschwitz, um sich selbst zu schützen. Heftig und hart wird es aber, wenn man, jeder für sich und an unterschiedlichen Orten, von seinen Gefühlen schutzlos überflutet wird.

Bei mir hat dieses Gefühl schutzlosen Ausgeliefertseins eine kleine Vitrine ausgelöst, in der Kleider von kleinen Kindern ausgestellt sind. Weiße Kleidchen, hübsch, adrett und echt. Ich sah diese Kleidchen, als meine Tochter zwei Jahre alt war. Und die Vorstellung, dass auch sie dieses Kleidchen hätte tragen können, hat mich innerlich so erschüttert, dass ich meine Emotionen nicht mehr unter Kontrolle hatte. Ich musste einfach öffentlich weinen.

Auf meinen Fahrten nach Auschwitz habe ich viele Menschen erlebt, die an ganz unterschiedlichen Stellen von ihren Emotionen überwältigt wurden und diese Erfahrung zulassen mussten. Im Nachhinein waren sie froh darüber, dass sie für ihren Schmerz und ihre Trauer ein Ventil fanden. Die Fähigkeit, Trauer zu empfinden, den Schmerz zuzulassen, auch die Wut auf die Täter formulieren zu können, ist unendlich wichtig, um das Geschehene und Gesehene zu begreifen. Ich habe die Erfahrung gemacht, dass ein Besuch in Auschwitz und vor allem in Birkenau immer auch eine emotionale Entlastung braucht. Diese Menschen entwickeln dann emotionale Entlastungsmöglichkeiten, aber auch Ersatz- bzw. Verdrängungsmechanismen mit den dazu gehörenden Handlungen.

Emotionale Entlastungsmöglichkeiten

Müdigkeit
Auschwitz kostet sowohl physische wie auch psychische Kraft und Energie. Dieser enorme Energieverlust führt bei manchen Menschen zu einer großen, jedoch nicht sofort spürbaren körperlichen Müdigkeit. Selbst die „härtesten", bestens trainierten jungen Männer mussten regelmäßig das Stammlager Auschwitz vor dem Ende der Führung verlassen, weil sie erschöpft waren. Diese körperliche Erschöpfung laugte sie aus und machte sie müde. Ich hatte, als sie das Stammlager verließen, immer Angst, sie würden sich mit Wodka eindecken und betrinken. Aber das habe ich in all den Jahren in diesen Rückzugsmomenten bei Jugendlichen nie erlebt. Sie gingen in unsere Unterkunft, legten sich erschöpft in ihre Betten und schliefen für ein oder zwei Stunden.

Nähe
Es ist gut, beim ersten Mal Auschwitz und Birkenau nicht alleine zu besuchen. Niemand von uns kennt sich selbst so gut, um im Vorhinein zu wissen, was in unseren Seelen freigesetzt wird und dann für einen kurzen Augenblick unter Umständen nicht beherrschbar ist. Für solche Situationen ist es gut, einen Menschen in der Nähe zu haben, dem man sich mit allem, was einen als Mensch ausmacht, zumuten kann und dem man vertraut.

Die Gruppe
In all meinen Gruppen, so unterschiedlich sie auch zusammengesetzt waren, hat sich nach sehr kurzer Zeit eine enorme Sensibilität und Achtsamkeit füreinander und eine positive Gruppendynamik entwickelt. Durch methodische Bausteine wie z. B. tägliche kurze Austausch- und Rückmelderunden wird Kontakt untereinander aufgenommen und gehalten. Auch bei erklärten Gegnern von Gruppenreisen haben gerade diese Runden positive Eindrücke hinterlassen, die sie bei sich vorher für nicht möglich gehalten hätten.

Rückzug und Stille
Auschwitz und vor allem Birkenau braucht für jeden Stunden der Stille, die offizielle Berechtigung, nicht immer reden oder diskutieren zu

müssen oder aber auch zu wollen. Innere und äußere Stille öffnet einen anderen Weg, das Unbegreifliche zu fassen. Das Stammlager Auschwitz ist, rein von den örtlichen Gegebenheiten her gesehen, nicht still. Viele Menschen aus unterschiedlichsten Nationen strömen durch die Lagerstraßen und in den Gebäuden des offiziellen Rundganges ist es eng, bedrückend, stickig und laut. Äußere Stille gibt es dort nicht. Aber abseits der Besucherströme, zwischen den Gebäuden oder in einer der Länderausstellungen, kann man Stille finden und selbst ruhig werden. Dort kann man in einen inneren Dialog eintreten, mit wem immer man möchte.

In der riesigen Weite Birkenaus, in der unglaublichen Ruhe, die über diesem Lagergelände liegt, wird man auf Schritt und Tritt auf sich selbst zurückgeworfen. Man sieht Reste von Häftlingsbaracken aus Stein und aus Holz, nur noch Backsteinkamine, Teiche, wo Häftlingsasche hineingekarrt wurde, zerstörte Gaskammern und Krematorien, Wiesen mit sattem Grün im Frühling, hohes Wiesenblumengras im Sommer, kahle gelbe Wiesen im Herbst und im Winter oft hohen Schnee. Es ertönt Vogelgezwitscher, im Sommer hört man die Frösche quaken, und überall sieht man, so weit das Auge reicht, die schweigenden Zeitzeugen des Grauens, das hier einmal stattgefunden hat. Dieser Ort mit dieser unglaublichen Ruhe kann zu innerlichem Aufruhr führen, weil der Mensch diesen Ort der Stille nur schwer mit dem Ort der größten industriellen Massenvernichtung in der Geschichte der Menschheit zusammenbringen kann, mit Schreien, Gebrüll, Gestank, Angstschweiß und Morast. Man kann sich nur schwer vorstellen, dass in diesem Lager zeitweilig über 120 000 Menschen das Gras in eine riesige Matschdecke verwandelten. Wenn es gelingt, sich das vorzustellen, wird dieser Ort zu dem, was er ist: ein Mahnmal von unvorstellbarer Qual, für ein unsagbares Martyrium Hunderttausender von unschuldigen Menschen. Und trotzdem kann man auf diesem größten Friedhof der Welt innere Stille finden.

Sport, Spiel und Lachen

Jugendliche und Erwachsene, die in emotionalen Verstrickungen gefangen sind, gerade die, die als „schwierig" bezeichnet werden, aber auch alle anderen, brauchen Entlastungsmöglichkeiten. Die Internationale Jugendbegegnungsstätte, aber auch das Katholische Zentrum für Dialog und Gebet haben Möglichkeiten geschaffen, wo vielfältig

Sport ausgeübt werden kann: Volleyball, Basketball, Fußball im Freien, innen Tischtennis, Tischfußball und Billard. Für musisch Begabte steht ein Klavier zur Verfügung, daneben werden eine ganze Menge Spiele und natürlich Bücher ausgeliehen. All diese Angebote sind hervorragend geeignet, um Jugendliche wieder dem Leben – ihrem Leben – zu öffnen. Im gemeinsamen Spielen und Lachen kann man sich wieder leichter den existenziellen Themen und einander zuwenden.

Immer häufiger übernehmen in den letzten Jahren Laptops oder Smartphones in den Programmpausen diese wichtige Entlastungsfunktion. Während ich diese Zeilen schreibe (Juli 2013, im Katholischen Zentrum für Dialog und Gebet), sitzen acht Jugendliche einer deutschen Gruppe aus Mannheim in der benachbarten Sitzgruppe und alle starren in ein kleines Netbook und amüsieren sich köstlich über ein Video auf YouTube.

Glaube (Spiritualität)

Wenn man so unendlich viel Grausames sieht und auf so engem Raum keine Möglichkeiten zum Rückzug und Ausweichen hat, drängt sich das Sehnen nach Schutz, Nähe und Geborgenheit auf. Es wird so intensiv, dass die Seele mancher Menschen Möglichkeiten der spirituellen Reinigung und des Trostes bedarf. Innerhalb der Gedenkstätte gibt es keine Möglichkeit, in eine Kirche zu gehen und einen Gottesdienst zu besuchen. Die Gedenkstätte ist überkonfessionell und überparteilich. Außerhalb des Geländes von Birkenau gibt es eine katholische Kirche. Für mich persönlich war das aber bisher kein Ort für meine spirituellen Bedürfnisse. Entweder man gestaltet selbst einen Gottesdienst bzw. ein entsprechendes Ritual oder man fährt in die Stadt Oświęcim und besucht dort einen Gottesdienst. Seit zwei Jahren bietet das Katholische Zentrum für Dialog und Gebet eine geführte Kreuzwegmeditation über das Gelände in Birkenau an. Die Meditation wird von einer irischen Ordensfrau angeboten. Ich selbst fand diese Form von Spiritualität wohltuend und wichtig, um meinem Gott und den Menschen, die an diesem Ort ihr Leben lassen mussten, nahe zu sein. Die Internationale Jugendbegegnungsstätte hat ein kleines separates Gebäude auf ihrem Gelände als Raum der Stille eingerichtet, wo man sich jederzeit bei Tag und Nacht zur Mediation, zum Gebet, zum Gottesdienst oder nur zum Innehalten und Ausruhen zurückziehen kann.

Arbeitseinsatz im Stammlager

Da ich meistens im Herbst mit Gruppen in Auschwitz und Birkenau war, überwiegend in den baden-württembergischen Herbstferien, verloren die Pappeln im Stammlager ihre Blätter. Die Gedenkstättenleitung war ganz froh darüber, wenn junge Menschen als aktiven Arbeitseinsatz das Laub zusammenfegten. Für einige Jugendliche war diese Art von Arbeit genau das Richtige. Sie konnten kehren, mussten nicht reden und konnten die vielen Besucher beobachten. Einige Jugendliche berichteten im Nachhinein, dass dieses praktische Tun genau das Richtige für sie war, um sich wieder innerlich zu finden, wieder in einen Normalzustand zurückzukommen, der wichtig war, um das Gesehene zu verarbeiten. Einen solchen Arbeitseinsatz von Anfang an in das Programm aufzunehmen halte ich für nicht sinnvoll. Sollte aber ein oder mehrere Gruppenmitglieder den Wunsch danach äußern, sollte die Gruppenleitung diesen auch realisieren.

Emotionale Verdrängungsmöglichkeiten

Alkohol

Ein Verhalten, das ich nie so richtig einordnen konnte, war, dass am Abend sehr viel Alkohol getrunken wurde. Es tranken auch Menschen, die in ihrem sonstigen alltäglichen Leben wenig Alkohol trinken, auch Sozialarbeiter, Lehrer und Eltern. Sicher spielt die Gruppe eine begünstigende Rolle. Wenn mehrere mittrinken, fällt es leichter, selbst zu trinken. Aber das alleine erklärt dieses Verhalten nicht. Ich sehe es eher als eine Möglichkeit, sich im Rausch zu betäuben, um all das, was da auf den einzelnen Menschen hereingebrochen ist, abzuwehren, all die Eindrücke und Empfindungen nicht zu tief in die Seele eindringen zu lassen. Die Psyche wehrt sich, wie sie es gelernt hat, und der Alkohol ist ein Mittel, um zu vergessen. Auch bei Jugendlichen, bei denen der Gebrauch von Alkohol zu einem alltäglichen Suchtmittel geworden ist, gehe ich immer davon aus, dass der „Stoff" zum Betäuben auch in Auschwitz beschafft wird. Alkohol ist leicht erhältlich, mittlerweile gibt es keine 200 Meter von der Internationalen Jugendbegegnungsstätte entfernt einen Lidl-Supermarkt. Dort finden sie alles an seinem Platz, wie zu Hause auch. Als verantwortlicher Leiter sollte man wissen, dass manche Jugendliche den Alkohol auch zum Schutz vor ihrer emotionalen Zerbrechlichkeit brauchen. Mit Drohungen, sie nach Hause zu schicken, oder mit anderen Sanktionen wird man ihnen und ihrem emotionalen Chaos nicht gerecht. Ich habe in solchen Momenten das Gespräch gesucht und zugehört. Mit diesem Vorgehen habe ich sehr gute Erfahrungen gemacht.

Nationale Gesinnung

Eines Nachts wurde ich durch lautes Singen aufgeweckt. Zwei meiner Jungs standen betrunken in ihrem Zimmer und grölten die deutsche Nationalhymne in der verbotenen Version. In diesem Augenblick verlor ich meine innere Gelassenheit und schrie sie an: „Was soll das eigentlich? Tickt ihr noch ganz richtig? Wie könnt ihr euch hier an diesem Ort so respektlos verhalten!" Es folgte eine lange Diskussion, die für mich einige interessante Gesichtspunkte hatte. Die Jugendlichen schilderten, wie sie die vielen israelischen Gruppen erlebten, die mit der israelischen Landesfahne eingedeckt über das Gelände liefen in einer übermächtigen Präsenz, wie sie bisher von den Jugendlichen niemals gesehen bzw. erlebt wurde. Diese Gruppen werden von muskelbepackten jungen Leibwächtern begleitet, deutlich erkennbar an ihrem Knopf im Ohr. Die Situation löste bei unseren Jugendlichen Unterschiedliches aus: Sie schwiegen, weil sie nicht wollten, dass die Israelis sie als Deutsche erkennen, andere gingen in der Diskussion massiv in den Widerstand, verteidigten alles, was man in Deutschland am liebsten vergessen würde, und betonten immer wieder, dass sie stolz seien, Deutsche zu sein. Sie kritisierten das Verhalten von manchen jungen Israelis, die Kaugummi kauend oder Händchen haltend und knutschend durch das Stammlager liefen. Und ihnen selbst wurde sogar das Rauchen im Gelände verboten. Die Teilnehmerinnen und Teilnehmer aus Erwachsenengruppen kommentierten dieses Verhalten allerdings noch viel schärfer als die Jugendlichen. Für das polnische Volk ist das Stammlager Auschwitz der größte Friedhof ihres Landes, und auf polnischen Friedhöfen ist das Rauchen verboten. Nach mehreren Flaschen Bier am Abend in der „sicheren" Unterkunft konnten sie endlich wieder normale junge Deutsche sein, die doch an diesem Verbrechen keine Schuld haben. Es folgte ein langer Prozess der Auseinandersetzung, ob man seine eigene nationale Identität durch nationalsozialistische Gesten und Liederstrophen beweisen muss, die bei anderen Gefühle verletzen und bei mir grenzenlose Scham auslösen.

Solche Diskussionen, zumal unter Alkoholeinfluss, sind schwierig, zeigen sie doch die Überforderung mancher Jugendlicher, mit dem, was sie erleben, und vor allem auch dem, was sie mitbringen, fertigzuwerden. Es ist ratsam, die Jugendlichen in diesen Momenten in ihrem inneren Dilemma zu spüren, dieses zu erkennen und mit ihnen gemeinsam auch über ihre nationale deutsche Identität zu diskutieren. Die Deutschen mit Migrationshintergrund bringen zudem eigene kulturelle Themen und ungelöste ethnische Problemstellungen ihrer Herkunftsländer mit in die Diskussion ein. Jegliche Theoriediskussion läuft bei diesen Hintergrundthemen ins Leere, im Gegenteil: Die Positionen verhärten sich nur. Hier heißt es immer wieder, direkt einzugehen auf das, was jetzt in der Interaktion geschieht, und die jungen Menschen zu akzeptieren, aber auch deutlich zu zeigen, dass man ihre Haltung in keiner Weise tolerieren will und kann.

Absolutes Schweigen

Manche Teilnehmerinnen und Teilnehmer können angesichts dessen, was sie gesehen haben, nicht in der Gruppe reden. Wahrscheinlich können sie es auch zu Hause nicht. Sie schweigen auch dann, wenn sie direkt gefragt werden, oder sie geben missmutig eine kurze, knappe Antwort. Ich habe diese Menschen nie gedrängt, etwas zu sagen, sondern habe sie in meinen Blick genommen und sie so durch Auschwitz und Birkenau begleitet. Oft war es ihnen erst nach langer Zeit möglich, etwas zu ihrem Erleben und Befinden mitzuteilen oder mir nachträglich zu schreiben. Grundsätzlich gilt auch hier, diese Grenze bei anderen zu respektieren, auch wenn es manchmal schwerfällt, weil dieses Verhalten stark verunsichern kann.

Unangemessenes Verhalten

In Stammlager Auschwitz gibt es Regeln für Besucher. In den Gebäuden geht man auf den Wegen oder in den Gängen in den Gebäuden grundsätzlich auf der rechten Seite, damit die Besuchergruppen einigermaßen geordnet gelenkt werden können. In Zeiten des Sozialismus war dies ganz streng reglementiert. Die einheimischen Führer wurden z. B. danach beurteilt, wie diszipliniert sich „ihre" Gruppe auf dem Lagergelände verhielt. Heute ist das nicht mehr so streng geregelt. Trotzdem gilt diese Regel immer noch.

Eine weitere Regel ist das strikte Rauchverbot. Leider ist auch diese Regel vielfältig unterlaufen worden. Zwischen den Gebäuden, aber auch im freien Lagergelände kann man Raucher sehen. Die Gedenkstättenangestellten sanktionieren meines Erachtens nicht mehr, sondern nehmen dieses respektlose Verhalten missbilligend zur Kenntnis. Ich erkläre meinen Gruppen den Zusammenhang vom polnischen Verständnis dieses Geländes und ihrer Einstellung dazu. Danach raucht von meinen Teilnehmern niemand mehr auf dem Lagergelände. Wenn man es nicht weiß – so ging es auch mir vor 30 Jahren –, greifen Raucher automatisch zur Zigarette und rauchen, ohne provokative Absicht, eben reflexartig. Für die Kleidung, die an diesem Ort getragen werden soll, gilt die gleiche respektvolle Einstellung.

Sowohl in Auschwitz als auch in Birkenau sind „Souvenirjäger" unterwegs, die Originalgegenstände von Häftlingen suchen, um sie mit nach Hause zu nehmen. Dies kann man vor allem in Birkenau beobachten. Dazu zählen Haushaltsgegenstände wie Löffel, Gabeln, Messer, aber auch Münzen, kleine Splitterknochen, ein Mauerteil aus den Gaskammern oder ein Stück Stacheldraht. Für meine Gruppen ein absolutes Tabu.

Wenn man Birkenau im Sommer besucht, kann es sehr heiß sein. Es gibt wenig Schatten und die Führerinnen und Führer haben nur wenige Möglichkeiten, ihr Programm den hohen Temperaturen anzupassen. So kann es passieren, dass man längere Zeit beim Krematorium 5 am Ascheteich steht und der Führung zuhört. Gelangweilte oder auch nur abgelenkte Jugendliche lassen manchmal ihre ganze Aufmerksamkeit den Fröschen zukommen, was je nach Ausmaß der jugendlichen Aktivitäten sehr störend bzw. unpassend sein kann.

Volker Häberlein

Kapitel 5: Fahrten mit Mitarbeiterinnen und Mitarbeitern der Evangelischen Gesellschaft Stuttgart

Seit 1998 führe ich die Fahrten nach Auschwitz im Rahmen einer internen Weiterbildung für Mitarbeiterinnen und Mitarbeiter der Evangelischen Gesellschaft Stuttgart durch. Das ist insoweit interessant, als sich aus einem Angebot ausschließlich für Mitarbeiterinnen und Mitarbeiter der Jugendhilfe, hier speziell der Mobilen Jugendarbeit, eine zentrale Weiterbildung für alle Mitarbeiterinnen und Mitarbeiter der Evangelischen Gesellschaft Stuttgart entwickelt hat. Die Evangelische Gesellschaft Stuttgart ist ein großes diakonisches Unternehmen mit ca. 1000 Mitarbeiterinnen und Mitarbeitern, die in unterschiedlichen sozialen Diensten tätig sind. Das Spektrum reicht von der Altenhilfe über die Sozialpsychiatrie bis hin zur Sucht-, Wohnungslosen- und Jugendhilfe. Mitarbeiterinnen und Mitarbeiter der Querschnittsdienste der Verwaltung, also Buchhaltung, Finanzierung und Personalwesen, sind selbstverständlich ebenso berechtigt, an dieser Weiterbildung teilzunehmen. Die Fahrten nach Auschwitz waren betriebsintern ein sogenanntes „Flurthema", d. h., die Teilnehmerinnen und Teilnehmer einer Fahrt erzählten den anderen ihres Bereichs oder ihrer Abteilung, wie es ihnen ergangen war, was sie erfahren und erlebt hatten. Aufgrund dieser internen Informationsweitergabe hatten wir nie ein Problem, diese Fahrten auszubuchen. Ein vorher nicht absehbarer Nutzen für die Organisation bestand darin, dass sich die Teilnehmerinnen und Teilnehmer aus allen Abteilungen der Evangelischen Gesellschaft zusammensetzten und so abteilungsübergreifende Bekanntschaften gemacht wurden. Im späteren Alltag waren diese Annäherungen in Auschwitz die Grundlage für ein entspannteres Umgehen miteinander im beruflichen Kontext der Alltagsarbeit. Ein weiterer konkreter Nutzen für die Organisation war und ist, dass diese Fahrten enorm identitätsstiftend wirken. Es entwickelt sich ein Wir-Gefühl, das andere gemeinsame Aktivitäten nach sich zieht. Teilweise nahmen auch Kolleginnen und Kollegen von Kooperationspartnern unseres Unternehmens teil, die von uns eingeladen wurden. Deren Teilnahme wirkte sich in allen Fällen positiv aus. Andere Sichtweisen, andere Denkweisen und auch andere Arbeitsrealitäten wurden ausgetauscht und trugen sehr dazu bei, dass sich die Fahrten mit Gästen zum allseits geschätzten Standard entwickelten.

Konzeptionsunterschiede

Die Konzeption für Erwachsene unterscheidet sich von der für die Jugendlichen entwickelten nur in wenigen Aspekten. In der Regel haben die Erwachsenen mehr Kenntnisse über die Geschichte. Das Wissen über das Judentum, über die großen Weltreligionen und über gesellschaftliche Zusammenhänge ist meistens eher vorhanden und Diskussionen mit dieser Gruppe können auf einem höheren intellektuellen Niveau geführt werden. Im emotionalen Bereich aber unterscheidet sich die Gruppe der Erwachsenen in keiner Weise von der Gruppe der Jugendlichen. Im Verhaltensbereich gibt es Unterschiede, die nicht allzu weit auseinander liegen, lässt man einmal altersgemäße Verhaltensweisen außer Acht. Da sich Verhalten oft von der momentanen Stimmung und emotionalen Befindlichkeit ableitet, ist die Übereinstimmung nicht verwunderlich. Allerdings zeigen Erwachsene keine pubertären Reaktionen und beherrschen die notwendigen Höflichkeitsformen. Die emotionalen Entlastungsmöglichkeiten und die emotionalen Verdrängungsmöglichkeiten treffen auf beide Gruppen je nach individueller Einordnung gleichermaßen zu.

Vor diesem Hintergrund muss man die Rahmenkonzeption jeweils den Besonderheiten der jeweiligen Gruppe anpassen und ein individuelles Programm entwickeln. Der Hauptunterschied besteht darin, dass die Erwachsenen selbst für sich verantwortlich sind und diese Verantwortung auch übernehmen. Jeder ist und bleibt sein eigener „Chairman". Die gegenseitige Fürsorglichkeit und Aufmerksamkeit war bei allen Fahrten mit Mitarbeiterinnen und Mitarbeitern unserer Organisation bemerkenswert hoch. Keiner und keine wurde alleine gelassen, bei Redebedarf stand immer jemand zur Verfügung. Aber auch in Momenten der Traurigkeit konnten die Teilnehmerinnen und Teilnehmer immer jemanden finden, der sich ihnen zuwandte.

Volker Häberlein

Kapitel 6: Das Programm Auschwitz 2011

Vortreffen in Stuttgart

Bei Gruppen aus meiner Organisation haben wir immer nur ein Vortreffen geplant und durchgeführt. Die Struktur war stringent geplant und auf zwei Stunden festgesetzt. Erwachsene, die in der Regel nicht oder aber sehr viel mit Sozialarbeit konfrontiert werden, tun sich meistens sehr schwer mit gruppendynamischen Methoden. Selbst ein Stuhlkreis kann schon Abwehrhaltungen auslösen.

Folgender Ablauf hat sich bewährt:
- Kurze Vorstellungsrunde
- Name, Arbeitsstelle
- Motivation für die Fahrt
- Methode: Erwartungen und Befürchtungen
- Bild malen oder Kartenabfrage
- Erläuterungsrunde
- Bilder oder Karten werden eingesammelt und für das Nachtreffen aufbewahrt
- Organisatorische Absprachen

Ich persönlich bevorzuge die gemalten Bilder. Sie haben sehr viel Aussagekraft, weil meistens mit vielen Symbolen gearbeitet wird. Dadurch wird die Präsentation des eigenen Bildes sehr reflektiert durchgeführt.

Um die Methode einsetzen zu können, ist meistens ein erhöhter Motivationsbedarf nötig, weil viele von sich glauben, sie könnten nicht malen.

In Auschwitz und Birkenau

Erster Tag

16.00 h	Treffpunkt Flughafen Stuttgart
17.20 h	Abflug Stuttgart Flughafen
18.55 h	Ankunft in Krakau, von dort Weiterfahrt nach Oświęcim in Kleinbussen der Internationalen

	Jugendbegegnungsstätte (IJBS), Bezug der Unterkunft im Hotel Olecki und in der Internationalen Jugendbegegnungsstätte
21.00 h	Abendessen in der IJBS
21.30 h	Abendrunde im Gruppenraum, Vorstellung des Programms für den nächsten Tag

Zweiter Tag

8.00 h	Frühstück
8.30 h	Fußweg zur Gedenkstätte
9.00–13.00 h	Führung im Konzentrationslager Auschwitz I Stammlager durch Historiker der Gedenkstätte

Die Führung dauert ca. 2½ Stunden und ist sowohl physisch als auch psychisch sehr anstrengend. Bei Jugendlichen muss man sehr aufmerksam sein. Wenn sie die Konzentration verlieren und aus Langeweile oder Überforderung sich selbst beschäftigen, kann das sehr störend sein. Die Historiker haben ein umfangreiches Wissen und informieren auch dementsprechend detailliert und umfassend. Wie schon beschrieben, kann dieser Teil des Programms mit Jugendlichen auch anders gestaltet werden.

13.00–15.00 h   Mittagspause

Möglichkeiten für ein Mittagessen gibt es in der Kantine des Stammlagers in Auschwitz oder aber in einem Restaurantkomplex gegenüber vom Parkplatz des Stammlagers. In der Nähe an der Straße zum Katholischen Zentrum für Dialog und Gebet liegt die pädagogische Hochschule. Dort kann man mittags in der Kantine ebenfalls sehr preiswert und gut essen.

15.00–18.00 h   Zeitzeugengespräch in der IJBS (Das Honorar für die Zeitzeugen erfährt man über die Tagungsstätten.)

In den 28 Jahren meiner Fahrten nach Auschwitz und Birkenau hatte ich die Möglichkeit, sechs oder sieben Zeitzeugen kennenzulernen. Jede Begegnung zählte sowohl für mich als auch für alle Teilnehmerinnen und Teilnehmer zu den Höhepunkten der Reise. Ich habe als Zeitzeugen sehr unterschiedliche Menschen kennengelernt. Es waren sehr gefühlsbetonte Menschen dabei, die vor allem in den frühen Achtzigerjahren das Erlebte noch sehr dicht in sich trugen und die Gräuel eindringlich schilderten, die den Alltag schmerzlich nachvollziehbar darstellten und denen man anmerken konnte, wie sie an der einen oder anderen Stelle vom eigenen Gefühl überflutet wurden. Diese authentischen Schilderungen gingen uns allen sehr nahe und waren nur schwer zu ertragen. Andere Zeitzeugen erzählten ihre Erlebnisse aus einer distanzierteren Sicht. Diese Form des Erzählens war für die Gruppen geeigneter, da sie dann mit den Zeitzeugen in einen Dialog treten konnten und sich getrauten, Fragen zum Lageralltag und zu der jeweiligen Person zu stellen.

Jahrelang hatten wir in Kazimierz Smolen als Zeitzeugen und ehemaligen Gedenkstättenleiter einen einfühlsamen und sehr gut informierten Gesprächspartner. Er machte mit uns auch die Führungen im Stammlager und Birkenau. So konnten wir diese Erlebnisse in das Zeitzeugengespräch mit einfließen lassen. Herr Smolen überzeugte auch durch seine überragende geistige und körperliche Frische und Fitness. Anfänglich erzählte er seinen Lebenslauf, warum er ins Konzentrationslager kam, wie das Lagerleben war, welche Arbeitsstellen er hatte und viele Details aus dem Alltag. Im Lauf der Jahre seit 2000 fiel auf, dass er die Rolle des Widerstandes in seinem Bericht in den Mittelpunkt rückte. Kazimierz Smolen starb 92-jährig am 27. Januar 2012, dem 67. Jahrestag der Befreiung des Lagers in Oświęcim. Er hat so fast sein ganzes langes Leben auf dem Gelände des Konzentrations- und Vernichtungslagers und der heutigen Gedenkstätte verbracht. Mit großer Hochachtung denke ich auch heute noch an ihn.

Bei unserer Fahrt nach Auschwitz und Birkenau im Jahr 2011 durften wir Herrn Brasse, bekannt als das „Auge von Auschwitz", kennenlernen. Er machte die Porträtfotos der Häftlinge. Bei der Voranfrage bestand der 94-Jährige auf drei Stunden Redezeit. Ich war zuerst skeptisch, angesichts seines Alters. Hier hatten wir uns alle gründlich geirrt. Herr Brasse sprühte vor Aktivität und war etwas enttäuscht, dass wir nach drei Stunden völlig erschöpft waren. Leider verstarb auch er 2012.

Die Zeitzeugengespräche versetzten mich im Vorfeld immer in Unruhe, weil ich nicht wusste, wie die Jugendlichen auf diese Menschen reagieren würden. Aber auch hier zeigten sich die Jugendlichen voller

Interesse und Respekt diesen Menschen gegenüber. Interessanterweise stellten sie immer die drei gleichen Fragen, ohne von uns vorher informiert oder instruiert worden zu sein. Ich bin davon überzeugt, dass diese Fragen dicht an der Lebenswelt der Jugendlichen sind und so für sie absolute Priorität haben. Bei Erwachsenen hatte ich den Eindruck, dass sie diese Überlegungen auch anstellten, aber aus Respekt gegenüber dem Gesprächspartner oder aus Verlegenheit diese Fragen nicht zu stellen wagten.

Die erste Frage: **Warum hassen Sie uns nicht?**
Die Jugendlichen denken aus ihrer Realität heraus, und da ist es für sie folgerichtig und zwangsläufig, dass für Menschen, die ihrer Familie oder ihrem Volk so viel Leid und Verbrechen zugefügt hätten, nur noch Hass und Rachegefühle übrig bleiben würden. Verwundert und tief beeindruckt nehmen sie dann die Antwort des Zeitzeugen auf, dass er sie doch nicht hassen könne, da sie ja keine Schuld auf sich geladen hätten. Im Gegenteil: Die Zeitzeugen machen den Jugendlichen Mut, sie finden es lobenswert, dass sie nach Auschwitz gekommen sind und sich die Zeit nehmen, um ihre Geschichte zu hören.

Die zweite Frage: **Warum haben gerade Sie überlebt?**
Oft bringen die Jugendlichen den Zeitzeugenbericht mit all den Widrigkeiten des Lagers nicht mit der Realität zusammen, also dass so viele schon nach kurzer Inhaftierungszeit starben oder ermordet wurden, und der Zeitzeuge hat viele Jahre überlebt. Ich hatte den Eindruck, dass die Zeitzeugen genau wissen, dass sich alle Besucherinnen und Besucher diese Frage stellen. Die meisten äußern sie nicht öffentlich, die Jugendlichen aber sprechen sie offen aus, auch stellvertretend für Erwachsene. Die Antworten der Zeitzeugen sind ähnlich, da die Erfahrungen ähnlich waren und die Bedingungen eben auch. Die meisten sagen, dass sie Glück gehabt haben und ein gutes „Arbeitskommando". Dieser Antwort schloss sich jedes Mal eine längere Diskussion über gute und schlechte Arbeitskommandos und Lagerkapos an.

Die dritte Frage: **Warum haben Sie sich nicht gewehrt? Es waren doch so viele Häftlinge und so wenig Wachpersonal?**
Die Beantwortung dieser Frage entfachte fast immer eine Diskussion um grundsätzliche ethische und tief moralische Fragen: Darf ich flie-

hen, obwohl ich genau weiß, dass für meine Freiheit zwanzig, dreißig oder noch mehr willkürlich von der SS ausgesuchte Menschen aufgehängt werden? Heftig wurden die Begriffe Vertrauen, Freundschaft, Mut, aber auch Intrige und Verrat diskutiert. Ebenso deutlich konnte der Zeitzeuge so nochmals die Lagerarchitektur und das interne Überwachungs- und Kontrollsystem erläutern, angefangen von funktionalisierten Häftlingen über stromgeladene Stacheldrähte bis hin zu Alarmsystemen und dem beispiellosen Terror der SS. Leicht fällt uns allen nicht, sich vorzustellen, wie man bei harter körperlicher Arbeit mit so wenig Nahrung überleben kann. Den Zusammenhang mit Resignation und körperlicher Schwäche oder gar damit, ein „Muselmann" zu sein, können wir uns nur ganz vage vorstellen.[2]

Bei dieser Frage berichten die Zeugen aber auch von einzelnen Helden, die geflohen sind oder sich als Gruppe zur Wehr gesetzt haben. Die wenigsten dieser Menschen haben überlebt. Aber wichtig für die Jugendlichen und für uns alle ist: Auch in Auschwitz gab es Menschen, die sich gewehrt oder für andere geopfert haben. Menschliche Tragödien stehen gleichberechtigt neben Heldentaten.

In all meinen Jahren habe ich nur einmal eine Situation erlebt, die außer Kontrolle geriet: Ich war mit einer Gruppe zufällig bei einem Zeitzeugenbericht, den eine andere Gruppe gebucht hatte. Der Zeitzeuge berichtete in narrativer Form. Der Bericht war so plastisch vorgetragen, dass ich mir alles sehr gut bildlich vorstellen konnte. Der Vortrag enthielt auch ein paar Szenen, die sehr lustig waren. Eine Jugendliche aus der anderen Gruppe musste an einer besonders lustigen Stelle lachen, fast hätte ich mitgelacht. Sofort unterbrach der Zeitzeuge seinen Bericht und reagierte sehr heftig auf das junge Mädchen. Er beendete seinen Vortrag und verließ schnell den Raum. Die Lehrerin und der Lehrer, die als Begleitpersonen der Jugendlichen anwesend waren, konnten das geschockte Mädchen nur mit Mühe beruhigen. Das Lachen des Mädchens wurde vom Zeitzeugen fehlinterpretiert. Ein Klärungsgespräch mit dem Zeitzeugen über seinen Irrtum war nicht möglich. Zu tief sitzen die schmerzlichen Erinnerungen an diese Erlebnisse in der Seele der Menschen.

---

2   In früheren Jahrhunderten wurde umgangssprachlich als „Muselmann" ein
    schwacher, kranker Mensch bezeichnet. Der Begriff findet sich beispielsweise in
    Mozarts berühmtem Kanon „C A F F E E". In der Lagersprache waren damit die
    schon völlig abgemagerten, apathischen Häftlinge gemeint.

Alle Zeitzeugen haben am Ende ihres Vortrags immer wieder betont, dass das schönste Geschenk für sie sei, wenn jeder und jede, die beim Gespräch dabei waren, mit einer eigenen Gruppe wiederkäme. Das war sozusagen ihre zentrale Botschaft und die Bitte an die Teilnehmerinnen und Teilnehmer um einen Beitrag dazu, dass ihr Leiden und Auschwitz und Birkenau nicht vergessen werden.

Dritter Tag

8.00 h	Frühstück
8.30 h	Fahrt nach Birkenau
9.00–13.00 h	Führung im Vernichtungslager Auschwitz II
	Birkenau durch einen Historiker der Gedenkstätte

Birkenau in seiner Stille und riesigen Dimension ist mir auch noch nach so vielen Besuchen unbegreiflich. Adorno prägte den Begriff „durchschreiten", und wenn man Birkenau besucht hat, kann man erahnen, was er wohl damit gemeint haben könnte. Bei meinem ersten Besuch in Auschwitz und Birkenau dachte ich nach der Führung im Stammlager: Hoffentlich sind wir nicht umsonst nach Auschwitz gefahren! Hoffentlich habe ich nicht zu viel versprochen! Das Stammlager ist verhältnismäßig klein und überschaubar. Die Steinhäuser und die Pappelallee vor den Blocks machen keinen furchterregenden Eindruck, den hat man erst, wenn man in die Blocks geht.

In Birkenau ist das anders: Überall Stacheldraht, kilometerweit ragen Kamine in den Himmel, Lagersektoren grenzen sich deutlich voneinander ab, die Rampe und das Eingangstor prägen sich fest in das Gedächtnis ein, die gesprengten Gaskammern sind so groß, dass man erschrickt und denkt, das muss doch sogar die SS schockiert haben. Überall kann man Spuren des Genozids sehen. Man kann auf diesem Gelände nicht fliehen. Man wird förmlich gefangen von der Weite und den vielen stummen Zeugen. Die Jugendlichen, die im Stammlager wenig mit der Gedenkstätte anfangen konnten, d. h., die durch eine geballte Vermittlung von Wissen an die Grenzen ihrer intellektuellen Aufnahmefähigkeit gelangt sind, fangen in Birkenau an zu fragen. Plötzlich wollen sie alles wissen. Ich führte in Birkenau beim Miteinander-Gehen die besten und intensivsten Gespräche mit Jugendlichen, aber auch mit Erwachsenen. Wir sprachen über den Faschismus, seine Ursachen, wie man ihn hätte vermeiden können, über Glaubensfragen und über die Situation zu Hause. Im Grunde war Birkenau oft ein Auslöser, um über sich selbst und eigene Werte, Hoffnungen und Träume zu sprechen. In Stuttgart Ausgrenzung zu erleben und dann in Birkenau mit eigenen Augen zu sehen, wozu Führerkult und Rassenideologie führen können, öffnete diesen Jugendlichen eine neue gedankliche Dimension. Dies führte bei den meisten zu einer veränderten inneren Einstellung gegenüber religiösen, ethnischen oder sozialen Minderheiten. Ein Indikator war, dass sich die Sprache veränderte. „Du Jude", was vorher noch als Schimpfwort oder als Synonym für „Opfer" benutzt wurde, ging danach nicht mehr so leicht über die Lippen.

Fast alle Jugendlichen und Erwachsenen, die Birkenau mit einer Führung besucht haben, wollen noch einmal alleine oder in kleinen Gruppen über das Gelände gehen. Dazu muss in jedem Fall Zeit eingeplant werden, denn in diesen Momenten geschieht Veränderung in den Menschen.

Im Laufe der Zeit habe ich die Anregung von Kollegen aufgenommen, an der Rampe Textstellen aus Büchern von Überlebenden vorzulesen. Durch die Texte werden zusätzlich innere Bilder erzeugt, die eine bessere Vorstellung des Ortes und dem, was dort geschehen war, möglich machen.

Birkenau ist auch ein Ort der internationalen Begegnung. Vor fünf Jahren (2009) hat sich eine israelische Gruppe spontan mit unserer Gruppe zu einem Kreis zusammengefunden und wir haben gemeinsam Lieder gesungen. Das Sicherheitspersonal der anderen Gruppe und auch ich als Verantwortlicher meiner Gruppe, wir waren ziemlich aufgeregt und überrascht ob dieser Aktion. Innerlich dachte ich: Hoffentlich geht das gut! Denn die israelischen Gruppen werden vom eigenen Sicherheitsdienst völlig abgeschirmt, sodass eine Begegnung und ein Gespräch nicht möglich sind. Vielleicht war diese Aktion ein Interesse von Einzelnen, denn ich habe seit dieser Zeit keine Wiederholung einer solchen Aktion erlebt.

13.00–14.30 h Mittagspause
14.30–16.00 h Besuch des Archivs im KZ Auschwitz Stammlager/
                Alternativangebot: Besuch der Kunstausstellung im
                Stammlager

Teil I: Archiv

Der Archivbesuch ist ein sehr wichtiger Programmpunkt. Im Archiv kann, wie schon erwähnt, eine Namenssuche abgegeben werden. Der Abgleich wird sofort durchgeführt. Für uns wichtiger ist allerdings das Lesen in unterschiedlichsten Rubriken und Themenfeldern. Die Originaldokumente liegen als Kopie zur Einsicht vor. Die Zeit verfliegt im Nu und manches Mal haben wir schon Sondertermine für ein weiteres Lesestudium anberaumen müssen. Im Archiv kann jeder ungestört das lesen, was ihn oder sie am meisten interessiert, und so Themenfelder vertiefen oder neu entdecken.

Teil II: Kunstausstellung

Wer nicht ins Archiv möchte, kann die Kunstausstellung besuchen. In einem Block im Stammlager werden Kunstwerke gezeigt (Bilder, Skulpturen, Gebrauchsgegenstände und Zeichnungen), die die Häftlinge über die Lebensbedingungen und die Arbeitskolonnen anfertigten. Teilweise wurden die Arbeiten erst nach der Befreiung des Lagers entdeckt. Es werden aber auch Auftragsarbeiten ausgestellt, die für die SS angefertigt wurden. Auch Werke, die erst später, nach der Befreiung, entstanden sind, kann man anschauen. In die Sammlung führt ein Kunsthistoriker ein. Die Ausstellung ist absolut empfehlenswert, zeigt sie doch mit einer anderen Ausdrucksform das ganze grausame System auch in seiner kleinbürgerlichen Banalität auf, sichtbar beispielsweise an Heimat- und Landschaftsbildern, die Häftlinge für die SS malen mussten.

16.30–17.30 h   Gespräch mit Pater Deselaers im Katholischen
                 Zentrum für Dialog und Gebet

Dieser Programmpunkt entwickelte sich eher zufällig im Laufe der Jahre. Pater Manfred Deselaers spricht über das deutsch-polnisch-jüdische Verständnis und dessen Bedeutung für Auschwitz und Birkenau. Sein Vortrag gibt noch einmal Einsichten in andere Sichtweisen und erklärt die Bedeutung von Auschwitz und Birkenau für die unterschiedlichen Völker auf der historischen Grundlage. Dadurch werden geschichtliche Zusammenhänge deutlich, und das Verstehen der Gegenwart wird für uns leichter. Alle Teilnehmerinnen und Teilnehmer, die diesen Vortrag gehört haben, halten ihn für einen essenziellen Pflichtteil.

| 19.00 h | Abendessen |
| 20.00–21.00 h | Abendrunde im Gruppenraum |

Bei von uns durchgeführten Fahrten nach Auschwitz und Birkenau gehört die Abendrunde zu den Pflichtbestandteilen der Reise. Jeder Teilnehmer und jede Teilnehmerin wird im Vorfeld der Fahrt darauf hingewiesen, dass diese Gesprächsrunden verpflichtend sind. Wer sich darauf nicht einlassen will, kann an dieser Reise nicht teilnehmen.

Die Abendrunde hat folgende Funktionen:

- Austausch über das Erlebte und Erfahrene
- Rückmeldung über die eigene innere Auseinandersetzung
- Entlastung der eigenen Gefühle durch die Gruppe
- Äußerungen von Wünschen und Erwartungen an die Teilnehmerinnen und Teilnehmer
- Wünsche an die Leitung
- Gemeinsame Reflexion des Tages

In der Schlussauswertung werden diese Runden von den Teilnehmerinnen und Teilnehmern als besonders hilfreich für die individuelle Auseinandersetzung mit dem gesamten Themenkomplex bewertet. Darüber hinaus spürt der Einzelne, dass er mit seinen Gefühlen und Gedanken nicht alleine ist, sondern dass in allen ähnliche Prozesse stattfinden. Diese Runden brauchen eine gute Leitung, die sensibel auf die einzelnen Teilnehmerinnen und Teilnehmer eingeht und gleichzeitig den Gruppenprozess im Auge hat. Die Begrenzung auf maximal eine Stunde sollte eingehalten werden, um auch dem geselligen Teil am Abend Raum zu geben und die Runde nicht über Gebühr zu strapazieren.

Vierter Tag

8.00 h	Frühstück
8.30 h	Fußweg zur Gedenkstätte
9.00–11.30 h	Besichtigung der Länderausstellungen

Im Stammlager haben in den ehemaligen Häftlingsblocks einige Nationen ihre individuellen Ausstellungen konzipiert und für Besucherinnen und Besucher geöffnet. Die Länderausstellungen besucht man individuell und kann sich alles in Ruhe anschauen. Sie sind unterschiedlich konzipiert und haben auch unterschiedliche Schwerpunkte. Sie werden Zug um Zug erneuert und den neuesten Erkenntnissen der Museumsgestaltung angepasst. Für mich sind die Ausstellungen am eindrucksvollsten, die ausgehend von den Einzelschicksalen Biografien nachvollziehen lassen, eingebettet sind in den historischen Kontext und eben auch in die Zeit im Konzentrations- und Vernichtungslager. Bei einigen endet die Ausstellung mit einem Blick in die Gegenwart, wo Überlebende zu Wort kommen und damit auch wichtige Botschaften senden, nämlich: So war es und wir haben überlebt! So zeugen sie davon, dass dieses Volk nicht ausgerottet wurde. Die Grundfarbe der neuen Ausstellungen ist Weiß, im Gegensatz zu früher, wo Schwarz eindeutig dominierte. Die technische Ausstattung wird an die heutige Zeit angepasst und so vor allem für junge Leute nutzbar. Besonders zu empfehlen ist auch die eigene Ausstellung der Sinti und Roma.

12.00 h	Mittagessen im Katholischen Zentrum für Dialog und Gebet
12.45 h	Fahrt nach Birkenau vom Katholischen Zentrum aus
13.00–16.00 h	Meditationskreuzweg Birkenau mit Schwester Mary

Ein besonderes Erlebnis. Diese Meditation in der Gruppe, überwiegend in Stille angeboten, kann ein Weg sein, die eigene Trauer zuzulassen. Es ist auch ein stark verbindendes Gruppenerlebnis, bei dem die Gruppenmitglieder sich in ihren Emotionen sehr nahe sind, ohne sich voreinander zu schämen. Dieses tiefe gemeinsame Empfinden, diese erlebte Spiritualität, wo alle Zweifel, alle Hoffnungen und alle Fragen nochmals bewusst werden, öffnet den Weg zur intellektuellen Auseinandersetzung und macht frei für eine eindeutige Positionierung. Diese Freiheit umfasst auch Glaubensfragen. Die Vermittlung der Meditation mit Schwester Mary erfolgt über das Katholische Zentrum für Dialog und Gebet.

16.15 h	Fahrt zur IJBS
17.30 h	Abendessen und Abendrunde, danach ist ein gemeinsamer Friedhofsbesuch möglich und (um Allerheiligen herum besonders) empfehlenswert.

Allerheiligen als hoher katholischer Feiertag wird in Polen groß gefeiert. Schon am Vortag und Vorabend sind die Friedhöfe übervoll mit Kerzen, Windlichtern, Blumen und Weihrauch. Ein beindruckendes buntes Lichtermeer verwandelt die Friedhöfe in einen wahrhaften Sinnesgarten. Ganze Familienverbände gedenken an den Gräbern ihrer Toten.

Fünfter Tag

7.30 h   Frühstück
                 Tagesausflug nach Krakau
                 Fahrt hin und zurück mit dem Zug,
                 gemeinsames Abendessen in Krakau

Ein absolutes Muss. Die Fahrt hat vor allem die Funktion, die Teilnehmerinnen und Teilnehmer wieder an das Leben heranzuführen. Wir müssen spüren, dass das, was wir gesehen und erlebt haben, einen Platz bekommen hat, der uns freimachen soll, dafür einzutreten, dass es ein Auschwitz und Birkenau nie wieder geben soll, aber uns nicht emotional so blockieren soll, dass unser Denken und Handeln nur noch durch Traurigkeit geleitet wird.

Die alte polnische Königstadt Krakau mit ihrer herrlichen Altstadt und dem wiedererwachten jüdischen Viertel bietet eine ganze Menge, angefangen von den historischen Bauwerken und dem großen Schloss bis hin zu unendlich vielen Kirchen, dem alten Marktplatz, vielen sehr guten Restaurants, Geschäften und einigen Spezialitäten, z. B. gutem Käse, den alte Frauen auf der Straße verkaufen, einem Geschäft für originellen Weihnachtsschmuck und vielem mehr. Diese Stadt ist eine wahre Freude.

Sechster Tag

8.00 h   Frühstück
9.00–9.30 h   Allgemeine Einführung in die Geschichte,
                 Funktion und pädagogische Arbeit der
                 Internationalen Jugendbegegnungsstätte
                 durch eine Bildungsreferentin des IJBS

Für mich persönlich ist dieser Punkt mit einiger Nostalgie verbunden. Ich habe den Bau der Begegnungsstätte verfolgt und war mit einer meiner Gruppen einer der Ersten, der das neue, lang geforderte und endlich Mitte der 1980er-Jahre fertiggestellte Zentrum besucht hat. Es hat über 20 Jahre gedauert, bis alle Hürden, die dem Bau im Wege standen, beseitigt waren. Die Entwicklung der Programmabteilung zur heutigen Bedeutung hatte über die Jahre hinweg einer Entwicklung auch über die Grenzen nationalstaatlicher, struktureller und inhaltlicher Unterschiede bedurft, um zu einer modernen Bildungsstätte zu werden.

10.00–11.30 h	Stadtführung durch Oświęcim, Besuch des jüdischen Zentrums Oświęcim, in Begleitung eines Freiwilligen der IJBS

Oświęcim ist nicht nur Konzentrations- und Vernichtungslager, sondern auch eine polnische Stadt mit Geschichte. Die Stadtführung wird von jungen Friedensdienern (österreichische Bezeichnung für Freiwillige/Kriegsdienstverweigerer) oder von deutschen Freiwilligen durchgeführt. Die Führung ist ein Angebot der Internationalen Jugendbegegnungsstätte.

12.30 h	Mittagessen in der IJBS
13.00–15.00 h	Auswertung, Gruppenraum
16.00 h	Fahrt von Oświęcim nach Krakau, Abflug Krakau
19.05 h	geplante Ankunft in Stuttgart 22.50 h

Nachtreffen in Stuttgart
Im Abstand von ein paar Wochen organisieren wir ein Nachtreffen in Stuttgart in den Räumen der Evangelischen Gesellschaft. Im Gegensatz zu den Gruppen der Mobilen Jugendarbeit, die sich ja sofort nach der Reise in ihren jeweiligen Stadtteilgruppen wieder sehen, ist das Nachtreffen der Teilnehmerinnen und Teilnehmer der Evangelischen Gesellschaft das erste Zusammensein nach der Fahrt.

Das Treffen hat folgenden Ablauf:
Der Raum wird von der Leitung ansprechend gestaltet. Ausreichend Getränke und kleine Snacks werden zur Verfügung gestellt.
Die im Vortreffen individuell geschriebenen oder gemalten Erwartungen und Befürchtungen werden den Autoren überreicht. Die Teilneh-

merinnen und Teilnehmer vergleichen ihre Erwartungen und Befürchtungen vor der Fahrt mit dem Stand nach der Fahrt.
Vereinbarungen
Dank und Verabschiedung

In der Regel werden folgende Themenkreise angesprochen:
1. Historische Vergewisserung
2. Die vorher nicht vorstellbare Weite von Birkenau
3. Die wichtige Rolle der Gruppe für die Einzelnen
4. Die gute Planung und Organisation der Reise
5. Die Auswirkungen des Erlebten
6. Konkrete Planungsideen für Aktivitäten nach der Reise
7. Sensibilisierung für antisemitische Tendenzen in der Gesellschaft und Sprache
8. Das schwierige Berichten im Familien- und Freundeskreis und das oft erlebte Desinteresse bzw. die Ablehnung.

Die Teilnehmerinnen und Teilnehmer der Evangelischen Gesellschaft betonen in der Regel besonders, wie gut es ihnen gefallen hat, mit Kolleginnen und Kollegen aus anderen Abteilungen und Vorstandsbereichen diese Reise unternommen zu haben.
Am Ende des Nachtreffens steht eine Vereinbarung, die aus zwei Punkten besteht: erstens die Bitte, die verantwortliche Leitung der Fahrt zu informieren, falls im Nachhinein Themen oder andere Vorkommnisse, die mit der Fahrt im Zusammenhang stehen, auftauchen, zweitens die Bitte, auch über Aktivitäten, die ihren Impuls im Zusammenhang mit der Fahrt bekamen, geplant oder entwickelt werden, die Leitung zu informieren.

Kapitel 7: Beiträge der Teilnehmerinnen und Teilnehmer

Volker Häberlein, Jugendhilfe (Eva)

Auschwitz als Kraftquelle

Wenn ich nach fast einer Woche Aufenthalt in Auschwitz und Birkenau zurückkomme, bin ich innerlich ganz ruhig. Ich bin das erst jetzt, nach über 20 Besuchen. Ich bin ausgeglichen und kann auch die stressigsten Momente gelassen durchstehen. Woher kommt dieses Gefühl? Ich glaube, dass mich meine innere Beschäftigung mit so vielen existenziellen Themen zu meiner Mitte führte und dass ich mich sozusagen immer wieder neu justieren kann und muss. Dies gelingt mir an diesem Ort, weil er Rahmenbedingungen hat, die mir bei einer solchen Auseinandersetzung helfen: Menschen, die ehrliche Dialoge mit mir führen, Zeitzeugen, die voller Lebensenergie sind, Orte, die schweigen und doch so viel sagen, Zeugnisse von mutigen Menschen, die ihr Leben auch für ihren Glauben oder ihre politische Überzeugung gelassen haben, und vor allem unendliche Stille, wenn ich sie brauche. Daneben bieten Auschwitz und Birkenau spirituelle Rückzugsmöglichkeiten, wo ich mit meinem Gott sprechen oder auch mit ihm hadern kann.

Selten habe ich erlebt, dass sich so viele Menschen unterschiedlichster Herkunft, Alter und Professionen so offen mitteilen, ihre Gefühle zeigen und Diskussionen ohne Ansehen von Rang und Titel miteinander führen wie in Auschwitz und Birkenau. Für solche Begegnungen bin ich auch im Nachhinein dankbar.

Dankbar bin ich auch, dass ich in meinem bisherigen Leben so viel „moralisches Glück" hatte, noch nie einer Situation ausgesetzt zu sein, wo meine Entscheidung, mich opportun zu verhalten oder konsequent meiner Überzeugung zu folgen, andere Menschen, meine Familie oder mich selbst das Leben gekostet hätte.

Freuen kann ich mich auch, wenn ich an der Internationalen Begegnungsstätte den Ginkgo-Baum sehe, der nach dem Tod meines Freundes Kurt Senne zu seinem Gedenken vom Internationalen Auschwitz-Komitee gepflanzt wurde.

Bernd Klenk, früher Mobile Jugendarbeit Stuttgart, heute Release Stuttgart e.V.

Auschwitzfahrten

In der Weite von Birkenau wurden sie ruhig und still. Die Gruppe löste sich auf, zu dritt oder zu viert machten sie sich auf, das Lager zu erkunden. In ihrem eigenen Tempo, um an den Stellen zu verweilen, an denen ihr Blick auf Zeugnisse der Vernichtung stieß und ihre Gedanken sich den Fragen zuwandten: Auf welcher Seite des Zauns hätte ich gestanden? Wäre ich auf der Rampe nach links oder nach rechts gegangen? Oder hätte ich diese Entscheidung getroffen?

1300 Kilometer waren wir mit den Jugendlichen von Stuttgart nach Oświęcim gefahren, um die Gedenkstätte in Auschwitz zu besuchen. Jugendliche aus den Clubs der Mobilen Jugendarbeit, die sich aus ganz unterschiedlichen Gründen auf diese Reise eingelassen hatten. Nur weg aus dem Alltag – egal wohin, mit Freunden feiern, einkaufen, Abenteuer erleben, im Vertrauen auf die Kompetenz der Gruppenleiter, die Faszination des Schreckens, historische Vergewisserung. Junge Frauen und Männer, Deutsche, Migranten, Einwanderer in der dritten Generation, Schüler, Azubis, Arbeitslose, Aggressive, Mutlose, Vernünftige, Leichtsinnige.

Alle hatten schon von der Massenvernichtung im Konzentrationslager gehört, sich an der Schule mit dem Dritten Reich befasst, Filme gesehen – aber ohne tiefer gehendes Interesse. Erzählungen aus einer lang zurückliegenden Zeit. Eher eine Geschichte aus Hollywood als mit einem Bezug zu den eigenen Wurzeln. Sehr mit ihren Träumen, Wünschen und Ängsten beschäftigt und der Erfahrung, belehrt statt gelehrt zu werden, fehlte ihnen der Zugang zu Politik, zu Ethik und Fragen der Menschlichkeit. In ihrem Alltag waren jedoch eigene Erlebnisse von Diskriminierung, Gewalt, Achtlosigkeit, Recht des Stärkeren, Ohnmacht, Ausgrenzung und Rassismus vorhanden – als Opfer und/oder als Täter. Resignation, die Suche nach schnellem Glück, falsch verstandene Solidarität und demonstratives Desinteresse wurden ein Teil ihrer Antworten.

Und doch fuhren sie mit uns – in Kleinbussen über die Autobahn durch Deutschland nach Polen. Vorbei an Nürnberg, Leipzig, Dresden – bei Görlitz/Zgorzelec über die Grenze – Wroclaw und Kattowice nach Oświęcim. Zweimal hatten wir uns zur Vorbereitung getroffen, zur Einstimmung auf das Thema, zu organisatorischen Fragen. Für manche Teilnehmer mussten Visa besorgt oder die Finanzierung der Reise geklärt werden. Auch die Sozialpädagoginnen und Sozialpädagogen mussten sich vergewissern: Mit wem fahren wir? Kennt ihr das Programm? Wisst ihr, dass wir zu einer Gedenkstätte, einem Friedhof fahren? Können wir uns auf euch verlassen?

Es war für mich immer ein Wagnis, mit diesen Gruppen nach Auschwitz zu fahren. Eine besondere Herausforderung, ein anstrengendes Unterfangen. Würde es uns gelingen, die Jugendlichen für die Auseinandersetzung mit diesem Thema zu motivieren? Würden sie das offizielle Programm, die Besuche in den Lagern und den Ausstellungen, im Archiv, das Gespräch mit dem Zeitzeugen nutzen oder nur über sich ergehen lassen? Würden sie sich verweigern und nach durchgemachter Nacht im Bett liegen bleiben? Schaffen sie es, sich diesem besonderen Ort entsprechend zu benehmen? Können wir mit ihnen gemeinsam die wachsende unterschiedliche Betroffenheit und Emotionalität in gruppenverträgliche Bahnen lenken? Hat der Einzelne genug Raum und Unterstützung für die persönliche Auseinandersetzung?

All diesen Fragen und Unsicherheiten stellte sich meine Zuversicht und Erfahrung aus vorhergegangenen Reisen an die Seite. Zum ersten Mal fuhr ich 1985 selbst als Student mit einer Gruppe des Projekts „Erziehung nach Auschwitz", geleitet von Professor Kurt Senne, nach Polen. Die Teilnehmer waren Studenten, jugendliche Straftäter und ein Sozialarbeiter aus der Justizvollzugsanstalt Adelsheim. Einer der Teilnehmer aus Adelsheim war als Skinhead straffällig geworden, die anderen durch Gewalt- und Drogendelikte. Kurt Senne zeigte uns, dass man mit diesen Jugendlichen eine solche Reise machen kann. Er lehrte uns, dass sie bereit sein können, sich dem Thema zu öffnen, wenn man ein paar einfache Dinge beachtet: Wende dich der Person zu, interessiere dich für ihr Leben. Mach dich nicht zum Experten, sondern suche gemeinsam mit ihnen nach Antworten. Geh mit ihnen an die Orte. Lass ihnen Zeit. Gib ihnen eine Aufgabe. Achte auf Phasen der Erholung. Am Abend darf gefeiert werden. Plane mit ihnen eine Tagesstruktur und binde sie in die Verantwortung ein. Sprich von deinen eigenen Eindrücken. Bewege dich in der Gedenkstätte in kleineren Gruppen, damit jeder die Chance hat, zu Wort zu kommen.

Diese erste Reise war ein eindrückliches Erlebnis, der Grundstein für viele Fahrten, eine Basis für meine pädagogische Arbeit. Ein Adelsheim-Teilnehmer dieser Reise schrieb mir vor einigen Monaten: „… Mein Wissen über die Gräueltaten im 3. Reich und auch der Aufenthalt in Auschwitz haben mich und meine Einstellung extrem geprägt, bis heute. Ich musste deshalb auch nach Israel, was ich aber erst jetzt vor 2 Jahren geschafft habe, trotz Bekannten dort. Ich war mittlerweile ein zweites Mal dort, kann es nur empfehlen, ein tolles Land mit viel Sonne, netten Leuten und einer extremen Vergangenheit. In Yad Vashem, dem Holocaust Museum, kamen mir dann auch die Erinnerungen an Auschwitz wieder, ist von diesem schönen Land nicht zu trennen. Wenn man mal dort war, sieht man auch die politische Situation etwas anders als von hier aus …"

Im Rahmen meiner Tätigkeit bei der Mobilen Jugendarbeit wurden die Fahrten nach Auschwitz zur jährlichen Tradition. Nachdem der Stein einmal ins Rollen gebracht war, gab es in den Folgejahren keine Probleme damit, genügend Teilnehmer zu finden. Die Fahrt in den Herbstferien wurde zum festen Programmpunkt im Jahresverlauf. Und immer wieder machten wir dieselbe Erfahrung: Vor Ort lassen sich die Jugendlichen auf das Thema ein. Sie können Geschichte anfassen und begreifen. Wenn sie etwas sehen, kommen auch die Fragen. Sie suchen nach Antworten und betrachten dabei ihre eigene Situation, ihre eigene Lebenswirklichkeit.

Nach der Anreise gingen wir am nächsten Tag gemeinsam durch die Ausstellungsräume des Stammlagers. Die Führung war manchmal anstrengend für die Jugendlichen, da sie viel Konzentration erforderte und mit Daten und Fakten gefüllt war. Die Blicke wanderten zur Seite oder zur Uhr. Andere Gruppen schoben uns vor sich her. Noch unterschied sich unser Aufenthalt wenig von einem Schulausflug, bei dem man versucht, das offizielle Programm möglichst schnell hinter sich zu bringen, um dann den Eisstand zu belagern. Süße Belohnung für trockene Kost. Auf die Führung konnte aber, aus Höflichkeitsgründen dem Gastgeber gegenüber, nicht verzichtet werden. Deshalb konnte im Anschluss jeder einzeln, zu zweit, zu dritt noch einmal durchs Lager gehen. Nun wurde der eigene Familienname auf den ausgehängten Häftlingslisten gesucht, einzelne Briefe in den Vitrinen gelesen, nach Verbindungen mit dem eigenen Leben gesucht. Wir versuchten uns vorzustellen, welche Qual eine Nacht in den Stehzellen bedeutet haben muss, oder wie es ist, im Winter stundenlang beim Appell zu stehen.

Das Vernichtungslager Birkenau besuchten wir ohne Führung. In kleinen Gruppen gingen wir durch das Gelände und die Häftlingsbaracken. Entlang den Schienen der Rampe kreisten die Gespräche darum, ob das heute noch möglich wäre. An den Ruinen der Krematorien suchten die Jugendlichen nach Spuren der Opfer. Am Mahnmal lasen wir gemeinsam die Stelle aus „Die Nacht zu begraben, Elischa" von Elie Wiesel, in der er seine Ankunft in Birkenau beschreibt. Still betrachteten wir den Haufen verrosteter Löffel, die Überreste vom Lager Kanada. Es war nicht nötig, die Jugendlichen darauf hinzuweisen, die Kopfhörer aus dem Ohr zu nehmen. Es wurde nicht geraucht, kein Kaugummi gekaut. Es wurde leise gesprochen, obwohl niemand in der Nähe war. Sie wussten, wir waren auf einem Friedhof, sie wussten, dass an dieser Stelle unvorstellbar Grausames passiert war.

Das waren die Momente, auf die wir gehofft hatten. Das Thema hatte die Jugendlichen erreicht. Nachdenkliche Gespräche, wie sonst kaum, waren möglich. In den Jugendlichen hatte sich eine Vielzahl von Fragen aufgetan, die sie im Gespräch mit dem Zeitzeugen weiter vertieften.

Am Abend wurde gespielt und gelacht. Entlastung war nötig, die Schwere musste abgeschüttelt werden. Deshalb verbrachten wir zum Abschluss der Reise auch einen Tag in Krakau. Als Touristen, zum reinen Vergnügen.

Viele Jugendliche hatten große Mühe, den Daheimgebliebenen von ihren Eindrücken zu berichten. Sie stießen auf wenig Interesse an Auschwitz, sie waren wieder zurück in ihrem Alltag. Geblieben ist das Gesehene aber doch – das weiß ich aus vielen Gesprächen, auch Jahre oder Jahrzehnte nach der Rückkehr. Unbeeindruckt ist keiner zurückgefahren.

Neun Reisen nach Auschwitz habe ich gemacht, die letzte liegt schon einige Jahre zurück. Die Erinnerungen sind immer noch frisch, jedes Mal gab es Neues zu entdecken. Ich werde wieder hinfahren.

**Eva Dreiucker, früher Personalabteilung der Eva,
heute Rechenzentrum Karlsruhe**

Auschwitz

Seit ich in der Schule die Geschehnisse des Zweiten Weltkriegs und
der damit zusammenhängenden „Judenfrage" durchgenommen hatte,
treibt mich die Frage um: „Wie konnte so etwas geschehen?" Somit
war es nicht verwunderlich, dass ich viele Jahre später (ca. 30 Jahre),
als Mitarbeiterin der Eva, die Gelegenheit wahrnahm, an einer Studienfahrt nach Auschwitz teilzunehmen.

Nach der Anmeldung gab es ein Vortreffen mit den anderen Teilnehmern. Hier sollten wir zum ersten Mal sagen und bildlich darstellen,
was uns bewegte, diese Reise anzutreten. Was trieb mich an, außer
der Frage „Wie konnte so etwas geschehen?" Ich denke, es war auch
ein Stück Neugier, zu sehen, wozu Menschen fähig sind. Diese Frage
stellt sich einem ja immer wieder. Aus meinem direkten Umfeld erlebte ich erstaunlicherweise eher Unverständnis, wie man sich so was
antun könne. Dass ich auch noch meine minderjährige Tochter mit-
nahm (Azubi in der Eva), verstanden die Leute erst recht nicht. Ich
war über die Reaktionen erstaunt, dass es auch so viele Jahre nach
Ende des Zweiten Weltkriegs Menschen gab, die meinten, bei uns in
Stuttgart hätte es doch keine Juden gegeben und somit auch kein Unrecht.

An einem Tag im Herbst ging es dann mit dem Flieger ab Richtung
Krakau. Es war irgendwie ein komisches Gefühl, keine Vorfreude, wie
wenn man in Urlaub fährt, eher ein leichtes Unwohlsein, auf was habe
ich mich da eingelassen? Werde ich ertragen, was ich sehen und hören
werde? Wie werde ich in der Gruppe aufgenommen? Was kann ich
für meine Tochter tun, wenn sie mit den Erlebnissen kämpft? Fragen
über Fragen, aber nun waren wir unterwegs und zurück wollte ich
auch nicht.

Am nächsten Morgen ging es los, wir machten uns auf in Richtung des
Stammlagers, meine Bedenken waren immer noch bei mir, und ich
hoffte, dass ich es nicht bereuen würde, hierhergekommen zu sein.

Als Erstes wurde uns das Lager durch eine Mitarbeiterin der Gedenkstätte gezeigt. Der Gang durch Auschwitz war furchtbar bedrückend,
an vielen Stellen dachte ich, das hält man nicht aus. Allein die Vorstel-

lung, was die Menschen hier erleiden mussten, war unbeschreiblich. Am Nachmittag konnten wir dann alleine durch das Lager gehen. Ich schaute mir ein paar der Länderausstellungen an und musste feststellen, dass es unglaublich ist, was die einzelnen Länder zeigen. Irgendwann ertrug ich es nicht mehr und verließ die Gedenkstätte fast fluchtartig.

Was war am schlimmsten? Ich konnte es nicht sagen. War es der Perfektionismus, mit dem das Lager betrieben wurde, wie die Bahn die Menschen aus ganz Europa nach Auschwitz transportiert hat, die Not, Angst, Hoffnung, all das, was die Menschen dort umtrieb? Was konnte ein Mensch ertragen, wann stirbt die Hoffnung? Wie kann man hoffen, wenn die Menschlichkeit auf der Strecke bleibt? All diese Fragen und noch viel mehr schossen mir durch den Kopf, ohne eine Antwort zu finden.

Am diesem Abend dachte ich, eine Steigerung dessen, was wir am ersten Tag gesehen haben, könne es nicht mehr geben, doch ich sollte mich irren. Am nächsten Tag ging es nach Birkenau, es führte uns die gleiche Mitarbeiterin wie am Vortag durch das Lager und erklärte uns alles. Was in Birkenau abging, muss für die Menschen damals die totale Hölle gewesen sein. Bei der Ankunft noch Hoffnung, am Ende der Tod. Die Zustände in den Baracken müssen unbeschreiblich gewesen sein, ich schaffte es nicht, mir vorzustellen, wie man dies alles ertragen konnte. Die Enge, der Dreck, der Gestank, die Krankheiten, keine Möglichkeit, sich auch nur für einen Moment zurückzuziehen, nicht zu wissen, was kommt, ist das Gnade oder Folter? Ich weiß es nicht, und ich denke, egal wie viele Informationen man erhält, es bleibt unvorstellbar. Noch heute sehe ich die Rampe vor mir, wo die Züge mit den Deportierten eingefahren sind, vermutlich voller Hoffnung, als der Zug hielt, nicht ahnend, was kommen würde.

Menschen sind die schlimmsten Raubtiere, habe ich mal im Zoo gelesen. Dies stimmt, wir töten nicht nur, damit wir leben können, wie die Tiere, sondern aus niedrigen Beweggründen. Auch was sich die Menschen einfallen ließen, um einen perfekten Tötungsapparat zu erfinden, ist unbeschreiblich.

Birkenau könnte ein Stück Erde sein, auf dem man glücklich ist, weitläufige Wiesen, kleine Wälder, aber all das wurde von den „Getreuen Hitlers" seiner Unschuld beraubt. Niemals können dort noch Menschen glücklich werden, wo die Erde so viel Leid erlebt hat.

So vergingen die Tage in Auschwitz, jeden Tag erfuhr man noch mehr, über das Lager, seine Bewohner und seine Bewacher. Die Abende gaben einem zum Glück die Möglichkeit, in der Gruppe das Erlebte zu besprechen, und anschließend beim Zusammensitzen gelang es auch, wieder zurückzukommen ins „normale Leben".

Am Ende unserer Fahrt ging es noch nach Krakau. Dort hatten wir den Tag frei, jeder konnte machen, was er wollte. Mit meiner Tochter war das natürlich Shoppen, was gab es nicht für tolle kleine Läden, die nur auf uns warteten! Es ist erstaunlich, wie schnell es uns gelingt, das soeben Erlebte in den Hintergrund zu schieben. Aber vermutlich ist es das, was uns ermöglicht, immer weiter zu leben. Besonders begeistert war ich von einem kleinen Café im Jugendstil (glaube ich), den Namen weiß Volker, dort gab es wundervolle Torten und einen guten Kaffee. Ach, das Leben kann so schön sein! Abends gab es als besonderen Abschluss noch ein echt jüdisches Essen in einem Lokal, das im jüdischen Viertel lag. Selbstverständlich mit der dazu gehörenden Musik.

Am nächsten Tag ging es zurück in unser Leben, das mich schneller wieder in Beschlag nahm, als mir recht war.

Die zweite Reise nach Auschwitz

Zwei Jahre nach meiner ersten Fahrt nach Auschwitz meldete ich mich nochmals für eine Studienfahrt mit der Eva an. Viele in meiner Familie dachten, nun spinnt sie komplett, dass man sich „so was" einmal antut, ist ja schon schlimm, aber ein zweites Mal? Ich versuchte nicht lange, die Menschen von meinen Beweggründen zu überzeugen, konnte ich sie sowieso nicht wirklich in Worte fassen. Was trieb mich um, dass ich nochmals nach Auschwitz wollte? Hatte ich dem Grauen noch nicht genügend in die Augen gesehen? Ich kann es nicht sagen, aber ich spürte: ich musste nochmals dorthin! Dieses Mal fuhr auch noch mein Sohn mit. Nach vielen Gesprächen, die er mit seiner Schwester nach unserem ersten Aufenthalt hatte, wollte er sich selbst ein Bild machen.

Wieder ging es Ende Oktober los, wie schon beim ersten Mal mit dem Flieger von Stuttgart nach Krakau. Wäre es eigentlich anders, wenn man im Frühling diese Fahrt antreten würde? Im Frühling, wenn alles neu erwacht in der Natur und jeder die Hoffnung hat, alles wird gut? Ich weiß es nicht. Das Grauen wird auch nicht schöner, wenn Blumen auf den Wiesen blühen, es würde vielleicht nur noch brutaler wirken: Hier der Neubeginn und dort das Ende?

Am ersten Tag nach unserer Ankunft ging es wieder zum Stammlager, auch diesmal wieder mit Führung. Wer denkt, wie langweilig, das hat man doch alles schon gehört und gesehen, der täuscht sich. Vieles kam einem total neu vor, vieles sah man mit anderen Augen. Das Grauen und der Schrecken, der von diesem Ort ausging, waren intensiver als beim ersten Mal. Was mir diesmal extrem auffiel – ich könnte aber nicht mehr mit Sicherheit sagen, ob dies zwei Jahre zuvor auch schon war –, waren die vielen jungen Israeliten, die in Gruppen durch das Lager gingen. Dort gingen die Nachfahren jener Menschen, die durch die Hand der Deutschen so viel Leid erleben mussten. Die jungen Leute waren schon von der Ferne zu erkennen: Sie trugen T-Shirts mit dem Davidstern und einige hatten sich auch Flaggen ihrer Heimat umgehängt. Ihre Reaktionen war zum Teil extrem, sie brachen heulend zusammen, andere wieder küssten sich, als wären sie auf einer ganz normalen Klassenfahrt. Ich fühlte mich bei ihrem Anblick sehr unwohl. Mein Land, meine Vorfahren hatten ihrem Volk so viel Leid angetan. Ich war mir sicher, jeder würde mir ansehen, dass ich Deutsche bin. In diesem Moment wurde mir bewusst, dass jeder Deutsche auch heute noch für das verantwortlich ist, was damals geschah. Wir können nichts mehr rückgängig machen, aber dafür Sorge tragen, dass von unserem Land niemals mehr ein solches Unrecht ausgeht.

Dieses Mal hatten wir auch Gelegenheit, einen ganz besonderen Menschen kennenzulernen: Manfred Deselaers, Leiter einer katholischen Bildungsstätte. Er erzählte uns von Rudolf Höß, über den er eine Biografie geschrieben hatte. Rudolf Höß war über viele Jahre hinweg der Lagerkommandant von Auschwitz. Er lebte mit seiner Familie auf dem Gelände des Lagers. Das Buch trägt den vielsagenden Titel „Und sie hatten nie Gewissensbisse?" Leider dauerte der Besuch nur kurze Zeit, ich hätte Pater Deselaers gerne noch viel länger zugehört, aber die Zeit drängte.

An einem Abend kam auch wieder der Zeitzeuge zu uns in die Begegnungsstätte. Ich fand seinen Besuch beim ersten Mal schon nicht so toll. Wie er erzählte, klang es, als habe er alles auswendig gelernt. Vielleicht kann man solche Erlebnisse auch nur so erzählen, mit viel Distanz, damit das eigene Erlebte einen nicht umbringt.

Wie schon beim ersten Besuch in Birkenau nahm mich auch diesmal der Aufenthalt dort am meisten mit. Ich kann es immer noch nicht wirklich in Worte fassen, was dort so grausam ist. Aber ich sehe die Menschen dort vor mir, wie sie ankommen und viele den Ort nie mehr verlassen werden.

Zum Abschluss unserer Fahrt ging es wieder nach Krakau. Diesmal hatten wir dort noch eine Stadtführung, und wir erfuhren unter anderem die Geschichte des Drachen, der in Krakau unterhalb der Burg lebt. Außerdem zeigte mir Volker noch einen Laden, wo es die besten Bonbons der Welt gibt. Es gibt unbeschreiblich viele Sorten, und das Tolle ist: Man kann sie einzeln kaufen. Außerdem zeigte Volker mir noch einen Laden, wo es unter anderem Weihnachtsschmuck gab in unglaublicher Auswahl. Auch der Besuch in dem hübschen Café stand wieder auf meinem Plan, es war schon wie Nach-Hause-Kommen. Dort fand man erst mal den Abstand von den Erlebnissen der letzten Tage.

Die dritte Reise nach Auschwitz

Auschwitz beschäftigte mich weiter und so fuhr ich zwei Jahre später gemeinsam mit ehemaligen Kollegen der Eva wieder nach Auschwitz. Zwei Dinge waren diesmal anders: Ich fuhr ohne Kinder und war somit nicht immer die Mutter von Mark bzw. Melanie in der Gruppe. Des Weiteren war ich inzwischen nicht mehr in der Eva tätig.

Wie gehabt, starteten wir gegen Ende Oktober in Richtung Krakau. Auch diesmal gab es am ersten Abend eine Führung durch den Ort Oświęcim. Es war angenehm, nur nach sich schauen zu müssen. Keiner sagte: „Eva, wo ist dein Sohn?", obwohl er zu diesem Zeitpunkt auch schon erwachsen war.

Am folgenden Morgen ging es zum Stammlager, wo uns wie gewohnt schon die freundliche Mitarbeiterin der Gedenkstätte erwartete. Es war jedes Mal dieselbe, aber immer wieder faszinierend, wie sie uns alles nahebrachte. Alleine in Auschwitz zu sein hat den Vorteil, dass man das anschauen kann, was einen interessiert. Ich hing oft meinen Gedanken nach, es trieb mich sehr viel um in dieser Zeit, auch privat. Aber wenn man sieht und hört, was dort passiert, dann werden unsere Sorgen doch klein davor.

Am zweiten Tag in Birkenau gab es eine Begegnung, die ich so nicht erwartet hätte. In unserer Gruppe war eine Frau mit türkischem Migrationshintergrund, die auf die Leiterin einer Gruppe mit jungen Israeliten zuging und sie ansprach. Wir waren der Gruppe zuvor schon in einer der Baracken begegnet, und an der Mimik der Leiterin hatte man erahnen können, dass sie ihre Gruppe auf uns aufmerksam machte. Sie hatte vermutlich gehört, dass wir Deutsche sind. Was sagte, wussten wir nicht, aber auf einmal starrte uns die komplette Gruppe an. Dies war ein wirklich merkwürdiges Gefühl. Obwohl wir persönlich nichts mit den Grausamkeiten unserer Vorfahren zu tun hatten, fühlte ich mich in diesem Moment schuldig. Das Sicherheitspersonal, das immer bei solchen Gruppen dabei war, schaute schon sehr kritisch, vielleicht befürchtete es einen Übergriff durch uns. Es kam jedoch zu einem freundlichen Austausch sowie einem gemeinsamen Kreis, in dem wir das Lied „Shalom" sangen. Anschließend wurden noch Fotos gemacht. Auffällig war, dass einige der jungen Leute abseits blieben. Vermutlich wussten sie nicht, wie sie mit der Situation umgehen sollten. Mir ging es ähnlich, auch ich fühlte mich irgendwie komisch, auf der einen Seite positiv berührt, auf der anderen Seite schuldig.

Volker und Kathrin hatten erreicht, dass wir nochmals Pater Deselaers treffen konnten. Diesmal hatte er mehr Zeit und erzählte uns viel über Rudolf Höß und den Umgang mit der Schuld, die uns alle betraf. Es ist wirklich faszinierend, wie ein Mensch sein ganzes Tun in die Aufarbeitung unserer Geschichte investieren kann. Vieles konnte ich durch dieses Gespräch mit anderen Augen sehen. Wichtig ist, dass es niemals ein Vergessen geben darf. Leider ging die Zeit mit dem Pater viel zu schnell vorbei, ich hätte ihm noch lange zuhören können.

Zum Ende unserer Fahrt ging es wieder nach Krakau. Ich machte mich auf, den Bonbonladen aufzusuchen, und kaufte Unmengen an Süßigkeiten. Auch der schon fast obligatorische Besuch in dem kleinen Café durfte nicht fehlen, wie gesagt, Torten und ein guter Kaffee, was braucht man mehr? Auch den kleinen Laden mit den Weihnachtskugeln suchte ich nochmals auf und erstand eine große Christbaumkugel. Ich schaffte es auch, sie nach Hause zu bringen, ohne dass sie zerbrach. Die Kugel erinnert mich seither in jeder Weihnachtszeit an meine Fahrten nach Auschwitz.

Eine endgültige Antwort habe ich immer noch nicht gefunden. Was bleibt, ist die Gewissheit, dass ein Mensch allein dies nicht zu verantworten hat. Es gab einfach zu viele, die nichts sagten bzw. wegsahen und somit das größte Verbrechen in der Geschichte der Menschheit möglich machten.

Ob ich nochmals nach Auschwitz fahre? Ganz sicher. Irgendwann werde ich mich nochmals auf den Weg machen. Das Kapitel ist für mich noch nicht abgeschlossen.

Dankbar bin ich, dass es dank Volker und Kathrin immer besondere Fahrten waren, eine gesunde Mischung zwischen Geschichte und der Gelegenheit, auch mal lachen können.

Kathrin Etzel, Jugendhilfe (Eva)

Poem

Am Anfang war das Wort.
Nein.
Keine Worte
Für nichts für alles
Schweigen. Grausen. Schwarz in mir.

Normal ist kaputt und gibt's nimmer mehr

Nie wieder Auschwitz
Auch nicht für mich?
(zu einfach) nicht möglich – so leicht geht es nicht
Hab das Tor aufgeschoben und
Auschwitz gehört nun für immer zu mir.

Fragen – Gefühle, nirgends so viele.
Das große Warum. Wer? Du, ich? Wo ist der Sinn? Was bedeutet jetzt menschlich? Wird's je wieder gut?
Fragen erwünscht – Antworten nicht möglich.
Nicht suchen!? Mir bleiben tiefe Gefühle, und die Sehnsucht nach –
?

Nähe zu Menschen – Nirgends so sehr.
Wer bin ich, wer bist Du? Und woher und wann sind wir wer?

Die Gruppe; Gemeinschaft, sich halten mit Lachen und Weinen. Reden und Schweigen und vor allem Respekt.
Und überhaupt: Zu fühlen, wir leben!! Wahrhaftig und spürbar verletzlich.
Was ist von Bedeutung? Viel wird banal, und manch Kleines ganz groß.

Kostbare Begegnungen! Mit Menschen dort, lebendig und tief.
Schätze in meinem Herzen – aus Auschwitz

Nähe zu Menschen – Nirgends so sehr.
Die Toten; untot und warm. Nichts erklärt keine Zeit nicht begraben
zu schnell verbrannt kein Erbarmen ohne Abschied kein Grund
– nie ganz gegangen?

Mir scheint, als schweben hier Seelen, Millionen davon! Die Luft ist
dicht. Sie beleben diese ihre letzte Stätte auf Erden – dieses Birkenau,
das sie und uns und alles verbindet.
Viele, viele Seelen, nun haben sie Platz auch für uns und für immer.
Erwarten mich freudig! Kein Vorwurf.

Heiliger Ort bis ans Ende der Zeit

Sie rufen (aus der Vergangenheit? Von oben, von unten?)
Die Toten rufen die Lebenden.

Und wer sie hören kann
Und wer ihnen die Ehre schenkt
Sie nicht zu vergessen
Und sie besucht mit Körper und Geist
Und wer Teil wird
Und wer sich selber öffnet

– es tut so weh –

Dem schenken sie sich ganz.

Mit allem, was da weiterlebt in Birkenau
– auf ewig unbrennbar –
Gefühle. Gedanken. Werte. Geschichten. Taten. Versäumtes, Erleb-
tes, Geplantes. Träume. Zukunft, Energie … Energie.
Unmengen davon! Vieltausendmal die Körper gemordet – so schnell!
Zurück blieb die Lebenskraft, ganz erstaunt, unverbraucht.

Welch ein Geschenk.
Was für ein wertvolles Geschenk.

Ein bisschen davon darf man mitnehmen bei jedem Besuch!

Danke – all Ihr Toten von überall
Danke – all Ihr Überlebenden genau dafür
Danke – all Ihr Lebenden Mitfühlenden da oder dort
Danke – Du Leben. Dass ich Dich habe

Unsere Werte und Gefühle, unser Verhalten – wir Menschen sind dieselben damals wie heute.
Alles ist anders, gar nichts ist anders.
Auschwitz verbindet. Alles gehört hier ineinander, verschmilzt.
Das Wesentliche tritt ins Licht.
Es lässt sich nicht greifen, doch eine Ahnung davon kann ich spüren.

Am Ende ist das Wort – sind viele Worte. Und noch so viel mehr.

Ich komme wieder. Ich habe das Glück!

Immer wieder Auschwitz

Martin Steinbrenner, Rechtsberatung Jugend- und Sozialhilfe (Eva)

Wo wäre ich gestanden?
Wo stehe ich heute?

Auschwitz, ein Ort, an dem vor 70 Jahren Täter, deren Handlanger, Opfer und Helfer aufeinander trafen, nebeneinander lebten, sich bekämpften, manchmal arrangierten und in unvergleichlichen Machthierarchien ihren Platz innehatten.
Ein Ort, an dem Grausamkeit, Kälte, Elend, Hunger, Krankheit, Verzweiflung, Tod und massenhafter Mord zum Alltag gehörten, von Menschen verursacht und von Menschen erduldet.

Einigen Besuchern der Gedenkstätte Auschwitz wird es wie mir ergangen sein. Sie haben sich Fragen gestellt. Fragen wie die Folgenden:

Wo wäre ich als damaliger Zeitgenosse gestanden?

Wäre ich als überzeugter hochrangiger SS-Offizier mit meinen Befehlen schuldig geworden?
Oder noch unmittelbarer als Lager-, Rapportführer oder im Mannschafts- oder Unteroffiziersrang als Blockführer oder bei den Wachmannschaften?
Zu welchen Grausamkeiten wäre ich fähig gewesen?
Hätte ich mich von der Kameraderie innerhalb der SS vereinnahmen lassen?
Hätte ich Zweifel an der Legitimation meines Handelns gehabt?
Wie wäre ich mit Zweifeln umgegangen? Mit welchen Konsequenzen?

Hätte ich als Häftling zur Lagerprominenz in der Funktion eines Kapos, Block- oder Lagerältesten gehört?
Wie hätte ich mich in dieser Position verhalten?
Als williger Handlanger und Kompagnon der SS? Als brutaler Mittäter? Als pragmatischer Opportunist?
Hätte mich als wohlgenährten Funktionshäftling das Elend meiner Mitgefangenen berührt? Mit welchen Konsequenzen?

Wie wäre es mir als einfacher Häftling ohne Privilegien ergangen?
Wie lange hätte ich ausgehalten, überlebt?
Wie hätte mein Sozialverhalten gegenüber den Mithäftlingen ausgesehen?
Wäre ich zum Widerstand bereit gewesen?
Hätte ich mich stets weggeduckt?
Wäre ich über den Tod von befreundeten Mitgefangenen hinweggekommen?
Hätte ich zu denen gehört, die ihr Leben für andere gaben?
Wann hätte ich aufgegeben?
Wäre ich zum Muselmann geworden?

Fragen, die sich letztlich nicht beantworten lassen! Als in neuerer Zeit Sozialisierte und ohne eigenes Erleben der damaligen Zeit werden wir nicht in der Lage sein, eine hypothetische Position im KZ Auschwitz vor 70 Jahren für uns zu bestimmen. Niemand kann heute von sich behaupten, er hätte damals zu dieser oder jener Gruppe gehört, wäre Opfer oder Täter geworden. Dennoch können uns die Fragestellungen heute persönlich, in der Reflexion eigenen Handelns weiterbringen.

Unschuldig waren alle in KZs Inhaftierten. Selbst die schlimmsten Straftaten der in den KZs als Berufsverbrecher bezeichneten Kriminellen „BV"[3] haben die Strafe KZ nicht gerechtfertigt. Die Mehrzahl der in Auschwitz Inhaftierten und Ermordeten mussten ihr Schicksal erleiden, allein weil sie Personengruppen zugeordnet wurden. Jude, sogenannter Zigeuner, Homosexueller, Zeuge Jehovas, „Asozialer" oder sowjetischer Kriegsgefangener zu sein genügte für Haft und Vernichtung.

Außerdem gab es noch die „Politischen", die aufgrund ihrer Überzeugung oder wegen ihres Widerstandes in KZs gesteckt wurden. Auf diese Gruppe möchte ich im Folgenden den Fokus richten. Ihre oppositionelle Haltung, ihr Widerstand hatte zur Einlieferung in ein KZ geführt. Auch dank lagerinterner Widerstandsgruppen hatten sie die Chance, ihre politische Haltung im KZ zu festigen und Widerstand im Rahmen des Möglichen zu leisten. Hätten sie sich wie so viele mit dem Naziregime arrangiert, wäre ihnen das KZ in den allermeisten Fällen

---

3 „BV" stand eigentlich für „befristete Vorbeugehaft", wurde aber, da es sich bei diesen Häftlingen um Kriminelle gehandelt hat, allgemein mit „Berufsverbrecher" übersetzt.

erspart geblieben. Sie haben sich aber, wissend um das Risiko eigener Freiheit, Gesundheit und Leben (und das ihrer Angehörigen), gegen die Anpassung, gegen ein systemkonformes Wohlverhalten und für ihre Überzeugung entschieden – und dafür oftmals mit dem Leben bezahlt. Nur wenige dieser vorbildhaften Menschen wie die Geschwister Scholl oder Georg Elser sind heute namentlich in der Bevölkerung bekannt.

Ich hatte das große Glück, den kommunistischen Widerstandskämpfer Hans Gasparitsch gekannt zu haben, der zweieinhalb Jahre im Gefängnis verbracht und anschließend ab 1937 die KZs Welzheim, Dachau, Flossenbürg und Buchenwald überlebt hat. Er ist für seine Überzeugung eingetreten, ist die Risiken für Leib und Leben eingegangen und musste dafür leiden. Hier drängt sich wieder die nicht zu beantwortende Frage auf: Wie hätte ich mich damals verhalten?

Dennoch hat die Frage ihre Berechtigung, denn damals relevante Grundentscheidungen lassen sich auf die heutige Zeit übertragen:

Richte ich mein Handeln an meinen Überzeugungen aus?

Bin ich bereit, Missstände anzuprangern?

Halte ich lieber den Mund, um nicht negativ aufzufallen?

Welche Nachteile bin ich für meine Überzeugungen in Kauf zu nehmen bereit?

Was sind die heutigen Risiken, wenn man für seine Überzeugung eintritt und Grundrechte wie die Meinungs-, Versammlungs- oder Vereinigungsfreiheit für sich in Anspruch nimmt?

- Eine Abmahnung, wenn man an einem vermeintlich illegalen Streik teilnimmt?
- Berufliche Nachteile, wenn Kritik an gesellschaftlichen oder betrieblichen Missständen geübt wird?
- Ein Bußgeld nach einer Sitzblockade?
- Der Verlust vermeintlicher (anders denkender) Freunde?
- Ein Bußgeld wegen des Entfernens eines Wahlplakats?
- Als Dogmatiker bezeichnet zu werden?

Risiken für Leib und Leben wegen eigener Überzeugung und entsprechendem Handeln geht man in der heutigen Zeit gerade dann noch ein, wenn man es mit kriminellen Schlägern zu tun bekommt und dabei Zivilcourage zeigt. „Paradiesische Zustände" ... aus Sicht eines damaligen politischen KZ-Häftlings. Nutzen wir das „Paradies" oder überwiegen Bedenken, vergleichsweise unbedeutende Nachteile zu erleiden, wie oben beispielhaft beschrieben?

Diese Frage sollten wir uns immer wieder stellen. Zur Beantwortung hilft ein Gedenken derer, die wie Hans Gasparitsch für ihre Überzeugung eingetreten sind und in Konzentrationslagern leiden mussten.

„Was ich mir in den Schriften und Büchern der Sozialisten, Pazifisten und Humanisten als meinen Lebenstraum herausgelesen hatte, das wollte ich mir und der ganzen Jugend erhalten: Soziale Gerechtigkeit für alle, Toleranz und Freundschaft mit allen, Kultur und Bildung für jeden – über alle Grenzen hinweg. Und Frieden für alle Völker der Welt. Das ist mein Traum – auch heute noch!" (Hans Gasparitsch)[4]

---

4   Quelle: http://www.muenster.org/vvn-bda/z_hans.htm

Regine Esslinger-Schardtmann, Jugendhilfe (Eva)

Mein Reisetelegramm

Was war meine Motivation?
– Es gab verschiedene Motivationen. Vor allem aber wollte ich mich
diesem Thema stellen. Meine Eltern sind beide vor zwei Jahren
gestorben. Sie waren in dieser Zeit aufgewachsen, meine Mutter
ist 1932 geboren, mein Vater 1929. Ihre Jugend war jeweils sehr
geprägt vom Krieg. Meine Mutter war 1944/45 auf der Flucht von
Mecklenburg nach Schleswig-Holstein, da war sie 13 Jahre jung.
Mein Vater wurde mit 16 Jahren kurz vor Kriegsende noch
eingezogen. Beide haben wenig über ihre Jugend gesprochen. Aber
ich bin sicher, sie wurden durch den Krieg und die politische
Stimmung und den Wahnsinn der Verfolgung und Vernichtung
aller Menschen, die anders dachten oder aussahen, geprägt. Ich
bin sehr freiheitsliebend und frei denkend aufgewachsen, beide
Eltern waren politisch eher links orientiert und offen für andere
Menschen.
– Ich wollte Zeit für mich haben, zur Ruhe kommen, zur Besinnung.
– Ich wollte diese letzte von Volker Häberlein begleitete Reise
mitmachen, da ich nur Positives gehört hatte und ich Volker als
Kollegen sehr schätze.

Welche Erwartungen und Befürchtungen hatte ich?
– Ich war mir unsicher, ob ich dieses Grauen ertrage, ob ich das
aushalte in einer Gruppe von relativ unbekannten Menschen.
– Ich hatte Angst, dass mich die Trauer oder das Entsetzen überrollt.
– Ich war froh, in einer Gruppe zu reisen, nicht alleine sein zu
müssen mit diesen Themen.

Wie waren meine Vorkenntnisse?
– Ich hatte die üblichen Schulkenntnisse aus dem Gymnasium, war
während der Schulzeit in Dachau gewesen und habe immer mal
wieder Reportagen oder Fernsehberichte und Filme über den
Holocaust gesehen, u. a. Schindlers Liste.
– Vor der Reise las ich das Buch „Der Junge im gestreiften Pyjama".

Was hat mein Umfeld zu meinem Vorhaben gesagt?
– Das war unterschiedlich, die meisten fanden meinen Entschluss
gut, erzählten von ihren eigenen Reisen dorthin.
– Mein Mann fand das mutig, sagte aber, dass er sich das nicht
vorstellen könne für sich.
– Meine Kinder nahmen das eher interessiert und gelassen zur
Kenntnis.
– Andere verstanden gar nicht, wie ich mir das antun kann ...

Gedanken bei der Anreise
– Irgendwo zwischen Urlaubsstimmung und banger Ungewissheit,
aber das Fliegen hat abgelenkt. Immer mal wieder in Gedanken bei
der Arbeit und den letzten Tagen. Vor einer Woche war meine
Tochter Anne vom Flughafen Frankfurt nach Neuseeland abgeflo-
gen für ein halbes Jahr. Das wäre jetzt auch nicht schlecht ... Anne
fehlt mir ein wenig. Sie hätte ich zum Beispiel gerne mitgenommen
nach Auschwitz.
– Die Warterei auf den Bus war etwas lang und nervig.

Überlegungen
– Bin gespannt auf morgen.
– Bin froh über das Einzelzimmer, da ich gerne ab und zu alleine bin.

Erste Kontakte und Gespräche
– Nach verspätetem Ankommen und Abendessen war das abschlie-
ßende Zusammensitzen in der Jugendbegegnungsstätte noch ganz
wohltuend. Die Gruppe ist nett, ein paar bekannte und etliche
unbekannte Mitreisende.
– Ein paar kurze Gespräche, dann ins Bett, in dem ich erstaunlich
gut geschlafen habe.

Das Gelände
– Die Jugendbegegnungsstätte ist sehr angenehm, alles schön hell. Es
ist alles da, was man braucht.

Eindrücke von den Lagern Auschwitz und Birkenau
– Auschwitz: Führung durchs Hauptlager. Etwas Schweres senkt
sich über mich, über die ganze Gruppe, wir verändern uns.

- Es ist ganz seltsam, obwohl hier Menschenmassen durchlaufen, ist es sehr ruhig.
- Birkenau: Das war ein tiefgehender Eindruck, ich war selten so erschüttert darüber, was Menschen Menschen antun. Dieses Ausmaß. Dieses kalkulierte Töten. Dieses Grauen. Und wir laufen über diesen Ort, wo das alles passiert ist. Und wir leben. Wir hatten das Glück, zu einer besseren Zeit an einem sicheren Ort geboren zu werden. Das war schon fast überwältigend. Wir laufen über einen riesigen Friedhof.

Die Ausstellungen
- Die Ausstellungen verleihen dem Stammlager etwas von einem Museum. Im Gegensatz dazu ist in Birkenau viel intensiver spürbar, was hier stattgefunden hat, es lenkt wenig vom damaligen Grauen ab.
- Polnische Ausstellung: Was für eine Tragik für dieses Land, dass Auschwitz in Polen liegt.
- Teilweise sind die Ausstellungen sehr gut gemacht, aber mir ist hier wenig in Erinnerung geblieben.

Der Zeitzeuge
- Herr Brasse: Ein spannender Bericht von einem trotz allem sehr lebensfrohen alten Mann. Erstaunlich. Was hatte er, was ihn überleben ließ? Sein Talent, sein Mut, Glück oder Zufall?

Habe ich etwas gesucht in Auschwitz?
- Ich wollte verstehen, begreifen, erfahren, was da passiert ist.

Habe ich etwas gefunden?
- Ganz viele Eindrücke
- Fragen
- Antworten
- Zweifel
- Hoffnung
- Anknüpfungspunkte

Krakau. Zurück ins Leben
- Eine wirklich schöne Stadt. Habe mir die Synagoge angeschaut.

Der alte Teil von Krakau ist sehr sehenswert, auch die Burg.
- Mir war der Tag zu lang.
- Mir war gar nicht nach Konsumrausch. Der Wechsel war mir zu krass.

Hat sich in mir was verändert?
- Ich bin meinen Eltern wieder nähergekommen.
- Ich bin froh, dass ich diese Reise gemacht habe.
- Ich habe so gut wie gar nicht an die Arbeit gedacht.

Habe ich das Thema in irgendeiner Form weiterbearbeitet?
- Nach der Reise habe ich mich mit der Frage beschäftigt, wie sich dieser Krieg auf die Generation meiner Eltern, aber auch auf die nachfolgenden Generationen ausgewirkt hat. Habe mir zwei interessante Bücher zum Thema gekauft: Von Sabine Bode „Die vergessene Generation" und von Anne-Ev Ustorf „Wir Kinder der Kriegskinder".
- Die Lektüre hat zu einem besseren Verständnis mancher Verhaltensweisen unserer Elterngeneration beigetragen.
- Ich habe zum ersten Mal nach dem Tod meiner Eltern deren Gräber besucht. Das war sehr schön.

Wie wichtig war mir die Gruppe?
- Sehr. Das hätte ich nicht alleine erleben wollen. Es war gut, dass ich nicht allein, aber doch für mich sein konnte und wirklich für mich entscheiden konnte, was ich jetzt im Moment gerade brauche. Gruppe oder Zeit für mich. Gespräch oder Schweigen. Weinen oder Lachen. Das war alles in einer sehr guten Balance.
- Es war eine sehr harmonische Gruppe, finde ich. Niemand, der völlig rausgefallen wäre oder unangenehm war.
- Die Abende in der Begegnungsstätte waren ein toller Ausgleich zu den schweren Eindrücken in den Lagern. Wir haben auch viel gelacht!

Welche Orte und Bilder sind noch besonders im Gedächtnis?
- Birkenau – dieses Ausmaß
- Hunderte junge Israelis mit weißen Umhängen und Davidstern
- Der Glaskasten voll mit Menschenhaar
- Der Friedhof an Allerheiligen

Gab es Gespräche vor Ort, an die Du Dich noch erinnerst oder die Dich besonders beeindruckt haben?

– Der Kreuzweg mit Schwester Mary hat mich tief beeindruckt und verwirrt. Ich habe oft Zweifel am christlichen Glauben, an diesem Gott in einer solchen Welt, in der Menschen so unmenschlich sind. Ich bringe das nicht zusammen. Dies hier alles zu sehen und zu hören und trotzdem zu glauben. Und trotzdem tut der Weg mit der Gruppe gut. Da ist etwas, was Hoffnung macht. Vielleicht ist das mein Glauben. Vielleicht ist das auch ein lebenslanges Suchen.

– Der Besuch des Friedhofs in Oświęcim an Allerheiligen tat gut. Tausende von Lichtern von Kerzen. So kann ein Friedhof also auch aussehen. Ich denke an meine toten Eltern. Tausche mich aus mit Monika, an wen sie denkt. Ein schönes Gespräch.

Wie wichtig war die Gruppe im Rückblick?

– siehe oben

Weißt Du noch, wie andere auf die Erzählungen von der Reise reagiert haben?

– Unterschiedlich. Manche wurden sehr still und waren betroffen, aber interessiert.

– Ich hatte aber in Gesprächen in der Zeit nach meiner Reise immer mal wieder das Gefühl, dass viele es gar nicht so genau wissen wollten, dann das Thema wechselten o. Ä.

An was erinnerst Du Dich heute noch, wenn Du an die Reise zurückdenkst?

– An den Blick vom Eingangsturm über das Lager Birkenau
– An das Innere der Frauen- und Kinderbaracken
– An Pater Deselaers
– An den Kreuzweg mit Schwester Mary
– An die Menge weiß bekleideter, junger, lebendiger Israelis
– An die Sonne, die für uns schien an diesem Tag

Wolfgang Riesch, Jugendhilfe (Eva)

Wieso Auschwitz?

Seit 15 Jahren weiß ich, dass es über die Eva die Möglichkeit gibt, an einer Gedenkstättenfahrt nach Auschwitz teilzunehmen. Doch erst letztes Jahr (2011) konnte ich mich entscheiden, an solch einer Fahrt teilzunehmen. Immer wieder gab es gute Gründe, es nicht zu tun: der wohlverdiente Urlaub mit der Familie, wichtige berufliche Termine, ...

Ich habe es nicht bereut, die Zeit investiert zu haben – ganz im Gegenteil. Wenn ich an den Besuch in Auschwitz denke, kommen mir viele Bilder in den Sinn. Die unermessliche Weite des Lagers Birkenau, die Wiese vor dem Krematorium, auf der die Leichen verbrannt wurden, weil die Öfen in den Krematorien überlastet waren. Oder die Vitrine mit all den Haaren, die den Menschen abgeschnitten wurden, bevor sie getötet worden sind. Seit dem Besuch von Auschwitz begleiten mich diese Bilder. Immer wieder drängen sie in mein Bewusstsein und erinnern mich an das Grauen, das stattfand.

Die Erkenntnis, zu welcher Grausamkeit Menschen fähig sind, hat sich in meinem Geist festgesetzt – insbesondere die Frage, ob so etwas heute nicht wieder geschehen kann? Die Massaker in den diversen Bürgerkriegen im ehemaligen Jugoslawien und in Afrika sind Zeugen dafür, dass wir vor solchen Untaten nicht gefeit sind – auch heute nicht. Gerade vor diesem Hintergrund ist der Besuch in Auschwitz für mich so wichtig.

Für mich war es wichtig, so unmittelbar und emotional die Eindrücke des Grauens zu spüren. In dieser greifbaren Nähe wurden für mich die Schicksale der Opfer spürbar. Ich kann mittlerweile die Aussagen von Überlebenden des Holocaust verstehen, die sagen, dass es wichtig ist, die Orte des Grauens zu besuchen. Wissen ist das eine – gefühlsmäßige Berührtheit etwas ganz anderes.

Interessant waren die Reaktionen meines persönlichen Umfelds auf meinen Auschwitz-Besuch. So richtig wissen, welche Eindrücke ich erlebt hatte, wollten die wenigsten. Am meisten betroffen gemacht hat mich der Ausspruch einer Mutter von zwei Heranwachsenden, dass „... sie mit dem Thema abgeschlossen habe ...“ Und wer trägt die Mahnung an die nächste Generation weiter? Für den Umgang mit meinem Sohn habe ich mir eine andere Herangehensweise vorgenommen …

Eine andere Dimension der Erkenntnis aufgrund des Auschwitz-Besuchs ist die Frage der eigenen familiären Verstricktheit. Leider leben meine beiden Großväter, die den Krieg erlebt haben, nicht mehr. Ich weiß, dass sie zumindest nicht in der SS waren. Aber in Auschwitz wurde auch deutlich, dass man nicht unbedingt der SS angehören musste, um an Qual und Leid mitschuldig zu sein. So habe ich mir vorgenommen, mich auf die Suche nach der Geschichte meiner Familie zu machen.

Ein anderes Thema, das mir durch Auschwitz vor Augen geführt worden ist, ist, dass die Juden unvorstellbar grausam von den Nazis verfolgt und vernichtet wurden, aber die Ausstellungen führten meine Aufmerksamkeit auch auf Schwule, politisch Verfolgte und auf die Gruppe der Sinti und Roma. Was mich bei dieser Gruppe beeindruckt, ist, wie lange sie schon mit Vorurteilen belegt und verfolgt wird – was bis heute andauert.

Hilfreich für mich war, dass ich Auschwitz in einer Gruppe besuchen konnte. Angenehm war, nicht allein mit meinem Grauen und Schrecken zu sein, aber dennoch auch Freiraum und Rückzugsmöglichkeiten zu haben, wenn ich es für mich brauchte.

Am Anfang der Reise konnte ich die „Begeisterung" einiger Auschwitz-Mehrfachfahrer nicht verstehen. Inzwischen habe ich erkannt, dass dieser Ort, diese greifbare Erinnerung an das Grauen, auch ein Mahnmal für Menschlichkeit, Mitleid, Leidensfähigkeit und Aufforderung für Zivilcourage ist. Von daher werde ich sicherlich nicht das letzte Mal in Auschwitz gewesen sein.

Martin Märklen, früher Mobile Jugendarbeit Stuttgart, heute Kreisdiakonieverband Heilbronn

Nach Auschwitz – Erinnerungen und Gedankensplitter

Es ist jetzt schon über 25 Jahre her, seit ich zwei Mal hintereinander das KZ Auschwitz-Birkenau gemeinsam mit KollegInnen und Jugendlichen besucht habe. Gefühlsmäßig besteht zu diesem tragischen Ort noch immer ein Bezug: Auschwitz gehört zu meiner Geschichte als Deutscher und als Mensch. Als gesellschaftliches Erbe kann ich mir nicht nur Deutschland als Land der Dichter und Denker aussuchen, sondern muss mich auch mit Preußen, dem Kaiserreich und dem Nationalsozialismus, also mit Macht, Kriegen und Vernichtung im Namen unseres Volkes auseinandersetzen, damit insbesondere Letzteres nicht mehr entstehen kann. Dazu gehören die KZs, die Tötungsfabriken, drastisch symbolisiert in Auschwitz-Birkenau – es gibt wohl keine deutschere Stätte der Schande in Polen und sonst auf der Welt – eine Erbsünde.

Wenn ich mich an unsere Reise mit den KollegInnen der Mobilen Jugendarbeit Ende der 80er-Jahre erinnere, kommt mir als erster Eindruck die Routine und „Normalität" im Alltag der KZ-Hölle wieder in Erinnerung. Glaubte ich noch zuvor, nur Bestien in Menschengestalt, gestörte Persönlichkeiten ohne Mitleidsgefühle konnten solche verbrecherischen Dienste tun, kam mir doch ein grausiges Erstaunen. Eigentlich ganz „normale" Menschen mit ganz normalen, manchmal kleinbürgerlichen Denkweisen gingen in den Tötungsfabriken zu Werke. Ein Uhrendiebstahl eines Wachmanns wurde z. B. wie in der Zivilgesellschaft verfolgt und abgeurteilt, im Kontext von Massenvernichtungsanlagen und Völkermord – Normalität im Absurden. Vielleicht war so etwas gerade hier notwendig, um nicht verrückt zu werden – pervertierter Alltag. Das Studium der Personalakten der Bewacher hat mich vorsichtiger in der Verurteilung unserer Vätergeneration aus dem Dritten Reich werden lassen.

Ein schlimmeres Gefühl beschlich mich dabei. Angenommen, ich hätte mich in meiner jugendlichen Begeisterung damals von der nationalsozialistischen Revolution anstecken lassen, unter dem Motto: „Führer befiehl, wir (ich) folgen." Wäre ich auch in der Lage gewesen, an solchen von vorgesetzter Stelle befohlenen und verantworteten Gräueltaten mitzuwirken, in der Wehrmacht, bei der SS? Verblendet von einer Ideologie? Sind nicht der- oder diejenige, die sich im Nachhinein so sicher sind, dass sie nicht verführbar wären, gerade die Gefährdetsten?

Zu Hause habe ich ein Bild von Adolf Hitler von meiner Mutter. Als junges BDM-Mädchen hat sie in Sütterlin auf die Rückseite geschrieben: Unser geliebter Führer. Darunter ein Wort Friedrichs des Großen: Es ist nicht nötig, dass ich lebe, wohl aber, dass ich meine Pflicht tue. Meine Mutter ist eine aufgeklärte, differenziert denkende Frau, die gegenüber Menschenverachtung und Ungerechtigkeiten sensibel reagiert, bis heute als über 80-Jährige. Also Vorsicht: Weitab von der Gefahr rät es sich wunderbar!

Achtsamkeit tut not, vor allem bei uns selbst! Durch sogenannte politische Sachzwänge und einfache Welterklärungen, die ich mir bei der zunehmend unüberschaubaren Welt manchmal wünsche, können Gefahrenkeime entstehen. Menschenverachtung kann verschiedene Gesichter haben.

Ein weiterer Auschwitzsplitter, ein zwiespältiger, unerträglicher Gedanke beschäftigte mich bei der Vorbereitung der zweiten Fahrt. Obwohl Auschwitzbesuche auch prophylaktisch gegen rechtsdenkende, gefährdete Jugendliche pädagogisch veranstaltet werden, war es für mich ein fast unerträglicher Gedanke, dass solche Jugendliche mit ihren Springerstiefeln über die Knochenreste der dort ermordeten Insassen marschieren – eine weitere Schändung der Opfer?!?

Wie damit umgehen, wie so etwas verhindern?

Wer weiß, welche Gedanken in den Köpfen umgehen.

Eine für mich verunsichernde Situation war, als wir uns gleichzeitig mit einer Gruppe israelischer junger Menschen in dem Gedenkraum befanden, wo die vielen Namen der Ermordeten aufgeführt sind. Als Deutscher empfand ich diese Begegnung als sehr beklemmend. Der Gedanke der Erbsünde beschäftigte mich. Wie antworten, wenn einer fragen würde, ob wir Deutsche sind – oder gar noch weitergehende Fragestellungen, die auf Antworten warten, äußern, vielleicht aber auch eine ungenutzte Chance zur lebendigen Begegnung der nachfolgenden Generationen über den Gräbern der Eltern und Großelterngeneration hinweg.

Wie unbeschwert war ich als Kind, das mit seiner jüdischen Sandkastenfreundin spielte, deren Vater so „komisch" Deutsch sprach und eine eintätowierte Nummer am Unterarm trug. Meine Mutter kannte seine Auschwitzüberlebensgeschichte. Doch damals wusste ich nicht, was dies bedeutete. Heute stehe ich an diesem Ort und bin beklemmt über die Geschichte meines Volkes.

Sehr beeindruckend empfand ich das Gespräch mit dem/den Überlebenden, Zeitzeugen genannt. Sie werden ihre Auschwitzerfahrungen nie mehr los – das KZ gehört zu ihnen im Bösen wie im Mahnenden. Beeindruckend war für mich ihre Haltung und Verarbeitung im Nachhinein. Überwindung von erlittenem Unrecht als Lebensaufgabe. Aber bestimmt hatte ich nur Kontakt zu denjenigen Insassen, die ihre Erfahrungen verarbeitet und als ihre mahnende Lebensgeschichte sahen. Wie geht es den Zerbrochenen, Liegengebliebenen und deren Nachkommen?

Wäre ein Gespräch mit solchen Menschen für mich aushaltbar gewesen? Wenn ich so nachdenke, gibt es auch noch eine Menge offener Fragen, bei denen ich mir nicht sicher bin, ob ich überhaupt eine Antwort darauf haben möchte.

Eine überlebenswichtige Erkenntnis habe ich aus den Schilderungen der Überlebenden mitgenommen. Die KZ-Häftlinge, die an etwas geglaubt haben, in Gemeinschaft waren, hatten am ehesten psychische, manchmal physische Überlebenschancen: Religiöse, Sozialisten, Kommunisten, Gewerkschafter etc.

Pfarrer Bonhoeffer hat dies durch sein Lied: „Von guten Mächten wunderbar geborgen ..." zum Ausdruck gebracht. Dies gilt auch für die Besucher und Besucherinnen von heute. Eingebettet in eine Gruppe, in der Vertrauen herrscht, lässt sich der Besuch dieser Gedenkstätte und ehemaligen Todesfabrik besser aushalten und verdauen.

Manchmal diente auch Wodka als Seelentröster. Beim Schreiben dieser Zeilen, 25 Jahre später, wird mir dies noch bewusster. Jedoch ist Alkohol kein Lösungsmittel. Die psychische Abwehr dient auch zum Schutz der eigenen Seele vor etwas fassbar Unfassbarem.

Auschwitz ist keine Touristenattraktion, es ist eine Stätte, an der Unfassbares erfahren werden kann, aber auch ertragen werden muss.

Anmerkungen

Erkenntnis

– Völker- und Jugendbegegnung findet statt an einem Ort des Extremen, des Hasses und der Menschenverachtung: in KZs, auf Schlachtfeldern und Soldatenfriedhöfen.

– Völkerverständigung und Toleranz tut Not, damit Aussöhnung unter den Nachkommen nicht notwendig werden wird.

Beklemmend

– die Straf- und Arrestzellen im Stammlager: Erstickungstod im Winter, wenn Schnee auf der Luftöffnung liegt. Stehzellen: Vier Menschen auf 1 m², zusätzliche Misshandlung der schon geschundenen Menschen.

Ärgerlich

– Die jüdischen Nachfahren nehmen Auschwitz für sich in Anspruch.

– Dieser Ort gehört nur den Toten, d. h. allen Toten, und darf weder geleugnet noch politisch noch sonst missbraucht werden.

Verunsichernd

– Begegnung mit jüdischen Nachfahren und Gruppen als Deutscher, wie soll ich ihnen begegnen? Wie schaffe ich es, mich innerlich frei zu verhalten?

Wichtig

– Zeit, Gruppe, Führung, Aktenstudium, Psychohygiene

– Polen besteht nicht nur aus Auschwitz, sondern auch aus Krakau und anderen Orten.

– Blumen der Völkerverständigung über den Gräbern der Ahnen

Heidrun Mäntele, früher Mobile Jugendarbeit Stuttgart, heute Caritasverband Graz/Österreich

Tagebuchaufschrieb

Seite 1

Und wieder gehe ich über diese Erde
die gelben Blätter des Herbstes
durch das Lager von Auschwitz
Tiefe Ruhe kehrt in mich ein
Und abermals fühle ich eine große
Verbundenheit mit diesem Ort
des Schreckens und des Grauens
des Leidens und der Schmerzen
Mit diesem Ort, an dem die größte
Unmenschlichkeit und die größte Mensch-
lichkeit so nah beieinander liegen
Mit diesem Ort, an dem für mich
die größten Leiden, aber auch tiefe Liebe
spürbar sind.
Und die Bäume sind noch immer dieselben
erzählen von damals, von dem was sie
erlebt und gesehen.
Die Bäume erzählen ihre Geschichte
und die Geschichte derer, die mit ihnen im Lager lebten.
Und der Herbst färbt ihre blutroten
Blätter gelb und zart.
Und wieder gehe ich über die Erde
die gelben Blätter des Herbstes
Durch das Lager von Auschwitz
Und fühle eine tiefe Verbundenheit
Mit diesem Ort, den Schicksalen
dem Leben, den Menschen
und ich vertraue auf die grenzenlose
Macht und Kraft der Liebe
hier und jetzt und an diesem Ort.

Seite 2

Hörst du die splitternden Knochen
die schmerzvollen Schreie
siehst du das Blut den Weg entlang-
fließen und die Blätter davontragen
riechst du den Geruch nach verbranntem
Haar, Haut und Knochen
siehst du den Rauch des Todes
Am Himmel
Siehst du das Meer der Tränen
zwischen den Häusern auf den Wegen
spürst du die Kälte und das Entsetzen hörst du die Schreie das
sadistische Lachen die Schreie das
Lachen die Schreie
schnürt es dir die Kehle und
das Herz zusammen bist du sprachlos
ob all dem – dann weißt du
dass du in Auschwitz bist
in der Hölle.

Seite 3

Wo ist die Liebe geblieben
die wir Menschen zum Leben brauchen
ist sie weg, kommt sie nie mehr?
Nein, sie war und ist immer da
sie umgibt uns zu jeder Stunde
zu jeder Minute in jedem Augenblick
an jedem Ort
sie ist da in vielen Ecken Nischen
Winkeln all überall
du kannst sie fühlen auch wenn du
sie nicht siehst
sie ist in dir
ein helles Licht
das dich wärmt und erhellt
innen wie außen
und außen wie innen

die Liebe war und ist immer da
auch wenn wir Menschen sie nicht
gleich erkennen können
und manche sich ihr verschließen
versuchen sich ihr zu verschließen
ihre Herzen hart und kalt machen
doch dennoch ist und war sie da
umgibt sie uns
ist sie in uns
sind wir ein Teil von ihr
und sie von uns

Nicole Frey, Teilnehmerin an der Auschwitzfahrt
der Mobilen Jugendarbeit Stuttgart 1986

Alles schon vergessen

Im Jahr 1986, im Alter von 16 Jahren, war ich mit Volker Häberlein und einer damaligen Jugendgruppe im KZ in Auschwitz. Als wir dort ankamen, wurde mir ganz mulmig zumute, da ich mir vorgestellt habe, wie die Menschen damals in den Zügen angekommen sind. Die Gleise waren ja noch zu sehen. Dass sich hier all das Leid abgespielt hat, war für mich nicht begreifbar. Plötzlich war alles so real. Es gab diesen Ort des Grauens wirklich. Die Größe des Lagers war beängstigend und gleichzeitig auch „beeindruckend". Jeder von uns war mit sich selbst bzw. mit seinen Gedanken beschäftigt. Es herrschte eine komische, ungewöhnliche Stimmung in der Gruppe. An diesem Ort zu sein war bereits komisch. Was anschließend jedoch noch viel schlimmer war, waren die Prothesen, Haare und Unmengen von Schuhen, die dort noch zu sehen waren. Wie viel Leid muss es dort gegeben haben? Was für Szenen haben sich abgespielt? Ich glaube, man kann und will es sich gar nicht vorstellen, dass Menschen anderen Menschen so etwas antun.

Schrecklich waren auch die Latrinen: ein Loch neben dem anderen. Auch wenn dies für die Gefangenen sicherlich das kleinste Problem war, hat man gesehen, dass es keinerlei Privatsphäre gab. Keine Menschenwürde und auch keine Menschenachtung – nur Verachtung. Es zeigt letztendlich, unter welchen Bedingungen die Menschen gehaust haben. Man konnte nicht einfach auf die Toilette gehen, wenn es einem danach war. Alle gingen zusammen in der Pause oder nach der Arbeit. Dies kam eben einfach noch – zu allem Leid – dazu. Alles zusammen ergibt ein erschreckendes, menschenunwürdiges Bild. Es wird deutlich, dass hier sehr, sehr viele Menschen gelitten haben und gestorben sind. Wir konnten uns dem Thema nicht mehr verschließen, sondern mussten uns damit auseinandersetzen. Im Anschluss an unseren Besuch des KZs hatten wir sogar noch die Möglichkeit, mit einem Überlebenden zu sprechen, der uns von seiner Gefangenschaft erzählt hat.

Ich kann bis heute nicht verstehen, wie man sein Herz, seinen Verstand und sein Gefühl so ausschalten kann, nur noch „funktioniert" und Befehle befolgt. Dass sogar Kinder, Behinderte und alte Menschen – die hilflos sind und niemanden etwas zuleide tun – so be- und misshandelt und sinnlos umgebracht wurden, das war und ist für mich unverständlich. Sicherlich war bei den Aufsehern bzw. denen, die die Menschen gequält, gefoltert und vergast haben, auch irgendwann Angst dabei. Angst, dass man ggf. selbst umgebracht wird. Angst um die Frau und die eigenen Kinder.

Allerdings stelle ich es mir auch nicht einfach vor, mit dieser „Schuld" zu leben. Denn das Erlebte hinterlässt auch bei diesen Menschen Spuren. Nur die „Harten", die ihr Handeln auch hinterher für völlig richtig gehalten haben, vielleicht nur als Schutz für sich selbst, hatten keine Alpträume oder Depressionen. Gab es vielleicht auch Selbstmörder, die nicht mit ihrer Schuld klargekommen sind?

Die Unfassbarkeit der Taten war Grund dafür, warum viele Menschen die anfänglichen Gerüchte nicht geglaubt hatten. Viele Juden konnten sich diese Gräueltaten nicht vorstellen. Und gerade deshalb konnte dies alles passieren. Die Juden fühlten sich als Deutsche (sie waren ja auch Deutsche), warum sollte ihnen etwas passieren. Und die, die mehr wussten, denen wurde oft nicht geglaubt. Leider gab es nur wenige mutige und hilfsbereite Menschen, die bei der Flucht geholfen oder Juden versteckt haben. Sie konnten den Wahnsinn leider nicht stoppen. Trotzdem muss die Hilfe hoch angerechnet werden, denn sie haben ihr eigenes Leben und ggf. das Leben von Frau und Kindern bzw. Angehörigen aufs Spiel gesetzt.

Sicherlich dürfen die Taten nicht vergessen werden. Aber es ist an der Zeit, die Schuldfrage zu beenden. Wie schlimm waren die Nazis, die Deutschen? Ich bin Deutsche und fühle mich für diese Taten in keiner Weise schuldig. Vielmehr sollte man sich bewusst machen, wie einfach wir Menschen manipulierbar sind. Oft sind nicht diejenigen die Bösen, die die Tat begehen, sondern diejenigen, die sie dazu gebracht haben.

Ich bin mir jedoch nicht sicher, ob man es sich selbst nicht zu leicht macht, als Unbeteiligter zu urteilen. Fairerweise muss man sagen, dass man nicht weiß, was man selbst in einer solchen Situation gemacht hätte. Denn wir sehen es tagtäglich in den Medien, dass Menschen aus Angst, Desinteresse oder Feigheit anderen nicht helfen. Auch im Arbeitsleben wird einfach gemacht, was der Chef verlangt, anstatt auch mal Rückgrat zu zeigen und etwas infrage zu stellen.

Vielleicht nicht ganz vergleichbar mit dem Verhalten der Menschen damals, aber wenn man es nicht einmal dort kann, wann dann? Wie oft lassen wir uns manipulieren? Vom Chef, von Freunden oder der Werbung? Wie heißt es so schön? Wehret den Anfängen. Denn wenn man den Absprung nicht rechtzeitig schafft, dann hat man eben das Problem, dass man es auch ganz durchziehen muss. Und so war es damals wahrscheinlich bei vielen Beteiligten. Es fing mit Kleinigkeiten an und hat sich immer weiter entwickelt. Einige waren sich bereits bei den anfänglichen kleinen Dingen (z. B. Judenstern tragen) bewusst, dass dies so nicht in Ordnung ist, und dann wurde es mit den Jahren eben einfach immer heftiger (z. B. Ausgangsverbot). Da liegt natürlich auch die Antwort auf die immer wieder gestellte Frage „Wie konnte dies alles passieren?" Es war ein langer und gut vorbereiteter Plan der Nazis. Doch war dies wirklich alles so von Anfang an geplant? Vielleicht hat sich das eine oder andere auch „einfach so" ergeben oder war willkommen. Vermutlich kam das eine zum anderen. Denn es waren ja z. B. auch Ärzte in den KZs und Firmen, die die Häftlinge beschäftigt haben. Wie konnten Ärzte ihr Handeln mit dem Eid des Hippokrates vereinbaren?

Warum mussten die schrecklichen Taten passieren? Und, was haben wir tatsächlich daraus gelernt? Wenn man heute Nachrichten aus den Kriegsgebieten verfolgt, kommen auch viele Taten ans Licht, die wir ebenso wenig verstehen können. Krieg und die Angst der Menschen zu sterben macht sie einfach oftmals zu Tieren. Nein, ich glaube, sie sind eigentlich viel schlimmer, denn Tiere verspüren dabei nicht auch noch eine Befriedigung und rühmen sich auch nicht damit. Und auch heute werden immer noch Menschen verurteilt und getötet. Nicht nur wegen ihrer Religion, nein, auch wegen ihrer Lebensweise, Kleidung und Denkweise.

Doch warum sind die Menschen so leicht manipulierbar und maßen sich an, über andere zu urteilen? Weil wir für uns immer nur das Beste möchten. Egal wie es anderen geht, Hauptsache, mir geht es gut. Und geht es mir nicht gut, so suche ich Schuldige. Schuldige, die unschuldig sind und dafür bezahlen müssen. Egal wie. Und solange wir dieses Denken haben, wird sich auf der Erde auch nichts ändern. Wir werden weiterhin die Reichen und Mächtigen haben, die Mittelschicht, die es duldet, davon profitiert und es sogar ermöglicht. Und die untere Schicht, Schwächere, Arme und hungernde Menschen, die unter schrecklichen Bedingungen für uns arbeiten. Sie bekommen einen Hungerlohn, nur weil wir günstig einkaufen möchten und die Reichen sich eine goldene Nase verdienen wollen.

Also, was hat sich tatsächlich geändert?

Miriam Schühle, Jugendhilfe (Eva)

Meine Reise nach Auschwitz

Meine Reise nach Auschwitz liegt nun sechseinhalb Jahre zurück. Als ich gefragt wurde, ob ich einen Beitrag zu diesem Lesebuch beisteuern möchte, war ich mir erst nicht sicher, ob mir die Reise dafür noch gegenwärtig genug ist. Durch das Schreiben und das Aufleben der Erinnerungen an diese Fahrt fiel mir auf, dass mir noch sehr vieles präsent ist. Ich kann für mich daraus schließen, wie eindrücklich diese Fahrt – auch im Nachhinein betrachtet – tatsächlich für mich war.

Erste Berührungen und Eindrücke aus meiner Schulzeit
Eigentlich gehöre ich nicht zu den Menschen, die ein besonderes Interesse an Geschichte haben. Jedoch hat mich ein Erlebnis aus dem Geschichtsunterricht während meiner Schulzeit nachhaltig beeindruckt. Unser damaliger Geschichtslehrer zeigte uns einen Film über die Judenverfolgung während des Zweiten Weltkriegs. Dies muss schätzungsweise in der 7. oder 8. Klasse gewesen sein. Noch heute habe ich die Bilder im Kopf: die bis auf die Knochen abgemagerten Leichen jüdischer Menschen, die auf einem Holzschubkarren aufgetürmt lagen. Die Grausamkeit, wie Menschen zur damaligen Zeit verfolgt und vernichtet wurden, hat mich zutiefst schockiert.

Auseinandersetzung mit dem Nationalsozialismus und dem Holocaust
Von diesem Zeitpunkt an setzte ich mich immer wieder aktiv mit unserer nationalsozialistischen Vergangenheit auseinander. Eine Gruppe interessierter Schüler meines Gymnasiums organisierte eine Fahrt ins Konzentrationslager nach Dachau, an der ich im Alter von 16 Jahren teilnahm. Im Alter von 19 Jahren absolvierte ich ein Freiwilliges Soziales Jahr und im Rahmen unserer begleitenden Seminare besuchten wir das Konzentrationslager Buchenwald. Über die Jahre las ich immer wieder Bücher über den Holocaust und die bewegenden Schilderungen von Menschen, die die Konzentrationslager überlebt haben. Auch wenn ich bereits die Konzentrationslager in Dachau und Buchenwald besucht hatte, war mir bewusst, dass ein Besuch der Konzentrationslager in Auschwitz noch mal eine Stufe schlimmer werden

würde (auch wenn dies schwer zu vergleichen ist). Als ich im November 2005 dann die Möglichkeit bekam, an der Bildungsreise meines Arbeitgebers nach Auschwitz teilzunehmen, zögerte ich trotzdem nur kurz und entschied mich dann klar dafür.

Das Stammlager in Auschwitz

Auschwitz steht wie kein anderer Name für die Massenvernichtung von über einer Million vor allem jüdischer Menschen. In keinem Lager sind so viele jüdische, politisch Andersdenkende, Sinti und Roma, Menschen mit Behinderungen und homosexuelle Menschen umgebracht worden.

Im Stammlager von Auschwitz stehen viele Baracken, die fast alle noch sehr gut erhalten sind und einen Eindruck davon vermitteln, wie das „Leben" in einem Konzentrationslager ausgesehen haben muss. In vielen Baracken sind Ausstellungen zu besichtigen und besonders in Erinnerung sind mir hier die riesigen Glaskästen, in denen Schuhe, Kleidung und Bürsten meterhoch aufgetürmt lagen. Die Darstellung der Masse an persönlichen Gegenständen von Menschen, die in Auschwitz ihr Leben lassen mussten, ist unvorstellbar. Auch die meterhohen Berge von Menschenhaaren, die den Häftlingen abrasiert wurden, als sie im Lager ankamen, sind schockierend.

Die Massenvernichtungsstätte Auschwitz-Birkenau

Am Tag nach dem Besuch des Stammlagers besichtigten wir das Konzentrationslager in Auschwitz-Birkenau. Vor diesem Tag hatte ich besonders großen Respekt. Vor der Reise versuchte ich mich durch das Lesen von Büchern auf diesen Tag vorzubereiten – aber man kann sich nur bedingt wappnen …

Birkenau war das größte Massenvernichtungslager während der Herrschaft der Nationalsozialisten. Sogar eine eigene Eisenbahnlinie führt direkt ins Lager und vereinfachte so den Transport und die Abfertigung von Zigtausenden von Menschen. Das Lager in Birkenau wurde von den Nationalsozialisten logistisch durchdacht und angelegt. Birkenau war die perfekt organisierte Massenvernichtungsstätte …

Die Geländefläche von Birkenau erschien mir unglaublich riesig und trotzdem lebten die Menschen hier zusammengepfercht auf engstem Raume. Die Baracken, in denen die Menschen nachts untergebracht wurden, waren sehr einfach gebaut, und bei unserem Besuch im November konnte man sich ansatzweise vorstellen, was es bedeutet haben musste, dort die Wintermonate zu erleben.

Nach dem Besuch der Baracken durchquerten wir die gesamte Lagerfläche, bis wir im hinteren Teil zu den „Badestätten" gelangten. Zum „Duschen" wurden u. a. die Menschen geschickt, die nach Ankunft mit der Eisenbahn im Lager direkt ausselektiert wurden. Was die „Badestätten" für die Menschen zu bedeuten hatten, ist uns heute hinreichend bekannt. Im Stammlager sind Berge von leeren Zyklon-B-Dosen zu sehen, mit denen die Menschen in den Gaskammern umgebracht wurden. Logistisch, wie das Lager aufgebaut war, schlossen sich direkt an die Badestätten die Krematorien an, in denen die ermordeten Menschen verbrannt wurden.

Liana Millu, eine Überlebende von Auschwitz, wählte für ihr Buch den Titel „Der Rauch über Birkenau" und schreibt darin: „... die Schornsteine der Krematorien rauchten unablässig ..." Ich denke, dieser Satz steht für sich und besagt alles.

Hier und Heute

Artikel 1 des Grundgesetzes für die Bundesrepublik Deutschland:

(1) Die Würde des Menschen ist unantastbar. Sie zu achten und zu schützen ist Verpflichtung aller staatlichen Gewalt.

(2) Das Deutsche Volk bekennt sich darum zu unverletzlichen und unveräußerlichen Menschenrechten als Grundlage jeder menschlichen Gemeinschaft, des Friedens und der Gerechtigkeit in der Welt.

Trotz der Fahrt und des Lesens vieler Bücher ist Auschwitz auch heute noch schwer für mich zu begreifen. Die Grausamkeit und Unmenschlichkeit, mit der Menschen aufgrund einer irren Ideologie verfolgt und vernichtet wurden, ist einfach nicht vorstellbar. Was mich der Rückblick auf die Zeit des Zweiten Weltkriegs gelehrt hat und was mir durch die Besuche der Konzentrationslager vor Augen geführt wurde, ist, dass Friede, Freiheit, Demokratie und Selbstbestimmung keine Selbstverständlichkeiten sind. Daher sehe ich es als meine Verpflichtung an, aktiv die Möglichkeiten zu nutzen, die mir dieses Leben im Hier und Heute ermöglicht. Für mich ganz persönlich bedeutet dies, meinen Mitmenschen mit Toleranz und Respekt zu begegnen, keine politische Wahl zu verpassen und mir darüber bewusst zu sein, dass ich mich glücklich schätzen kann, in einer Zeit wie der heutigen zu leben. Auch in meiner Arbeit als Sozialpädagogin versuche ich diese Werte „meinen" Jugendlichen vorzuleben und zu vermitteln, aufzuklären und einzuschreiten, wenn sie einander aufgrund ihrer politischen, religiösen oder sexuellen Orientierung diskriminieren.

**Mark Dreiucker, Ingenieur, war bei einer Fahrt
mit seiner Mutter und Schwester dabei**

Reise nach Auschwitz

Vor der Reise

Ich wurde 1982 geboren. Ich bin daher in einer Zeit aufgewachsen, in der niemand außer unseren Großeltern die NS-Zeit selbst erlebt hatte. Berichte aus erster Hand haben wir als Kinder und Jugendliche fast nie erhalten und das Dritte Reich war etwas aus dem Geschichtsunterricht oder aus Filmen. Es war ein Thema, das einen ständig umgab, es war oft in den Medien und im Schulunterricht wurde es auch immer und immer wieder durchgenommen. Gleichzeitig war es aber auch etwas absolut Fremdes, all die Geschehnisse wirkten aus der Distanz komplett absurd. Es ist mir auch heute noch unverständlich, wie man seinen Hass auf eine ganze Bevölkerungsgruppe lenken kann, und noch unbegreiflicher, wie man versuchen kann, diese auszulöschen. Es wirkte auch alles sehr weit weg, ich kannte keine Juden, niemanden, der Juden hasste oder bekennender Nazi war. Gleichzeitig waren die Auswirkungen eben doch in ganz Deutschland spürbar: Im Vergleich zu anderen Ländern hatten die Deutschen weniger Nationalstolz, sondern vielmehr eine Nationalscham. Deutschlandfahnen sah man nur an Ämtern und vielleicht mal zur Fußballweltmeisterschaft. Daher war mein Ziel der Reise vielleicht einfach, einen etwas direkteren Bezug zur deutschen Geschichte zu bekommen. Ich hatte keine konkreten Erwartungen, und meine einzige Befürchtung war vielleicht, dass die ganze Reise eine eher bedrückende Angelegenheit werden könnte.

Mein Vorwissen umfasste recht gute Kenntnisse der geschichtlichen Fakten, ein ungefähres Verständnis, wie sich einzelne Menschen zu der Zeit gefühlt haben mussten – wenn auch meist nur durch Filme vermittelt –, und ein großes Fragezeichen in Bezug auf die Frage, wie das alles so weit kommen konnte.

Während des Aufenthalts

Auf dem Gelände habe ich versucht mir vorzustellen, wie es damals gewesen sein könnte. So (menschen-)leer, wie die Lager waren, fand ich es schwierig, mir die Massen vorzustellen, die sich damals dort aufgehalten hatten. Noch schwerer war es, sich in sicherer Gesellschaft, mit vollem Bauch und warmer Kleidung das physische und psychische Leid der Gefangenen vorzustellen. Dennoch, ein gewisser Eindruck ist geblieben, geprägt von den Zäunen und der lieblosen und pragmatischen Bauweise. Noch etwas ist sehr deutlich in meiner Erinnerung geblieben. Die Art und Weise, wie diese Lager aufgebaut waren und was wir über deren Betrieb gelernt hatten. Deutsche Gründlichkeit. Ich bin Ingenieur und habe einen Blick für Abläufe, Optimierungen und derlei. Als Perfektionist liebe ich es normalerweise, Perfektion – oder zumindest das Streben danach – in meiner Umgebung zu entdecken. Hier hat es mir Angst gemacht. Ich weiß nicht, was ich erwartet hatte. Sicherlich nicht, dass man die Lager einfach ziellos hingestellt hatte, aber eben auch nicht diese bis ins Detail durchdachte Grausamkeit. Hätten einfach viele dumme oder eingeschüchterte Menschen diese Lager betrieben und die Situation wäre ihnen irgendwie entglitten und hätte zu all dem geführt, was damals geschah, dann könnte man wenigstens hoffen, dass es die Tat Einzelner war und dass so etwas nicht wieder vorkommen kann. Aber so war es nicht, es war alles geplant, geplant von Menschen, die bedacht genug waren, um sich über Details wie nummerierte Kleiderhaken oder die Wiederverwendung von Haaren Gedanken zu machen. Menschen, die zweifelsohne wussten, was sie dort planten, und es dennoch taten, und zwar so gut und so gründlich, wie es ihnen möglich war.

Krakau
Die Reise nach Krakau war sehr wichtig, um sanft in den Alltag zurückzufinden. Man war plötzlich in einer großen Stadt, umgeben von lauter Menschen, die die letzten Tage nicht mit den Grausamkeiten der Lager verbracht hatten. Dennoch waren die Menschen, die eben erst die gleichen Eindrücke gewonnen hatten wie man selbst, noch in der Nähe.

Nach der Reise
Viel hat sich nicht verändert. Was vielleicht noch hängen geblieben ist, ist die Fragestellung nach der Verantwortung auch beim eigenen Tun. Kann ich das, was ich tue, vor allem auch im Beruf, moralisch vertreten? Wenn ich etwas entwickle, das indirekt hilft, kleine Com-

puterchips leistungsfähiger zu machen, bin ich dann mit verantwortlich, wenn diese Chips vielleicht in bessere Raketen verbaut werden oder wenn sie einfach nur dazu führen, dass der Planet immer weiter ausgebeutet wird, um noch mehr elektronisches Spielzeug herzustellen, das nach wenigen Jahren Schrott ist?

Aber vielleicht war das auch schon vor Auschwitz da.

Insgesamt bin ich dem Thema nicht mehr so abgeneigt. Denn ganz ehrlich: Diese ganzen Bücher, Filme und jedes Jahr ein paar neue Denkmäler zu immer dem gleichen Thema nervten tierisch. Das finde ich zwar teils immer noch, aber hin und wieder befasse ich mich dann doch bewusst mit dem Thema.

Offen bleibt für mich noch, wie man zu diesem Grundhass kommen konnte. Ich verstehe inzwischen, wie sich das alles entwickeln konnte, wie man diese durchdachte Vernichtungsmaschinerie aufbauen und in Gang setzen konnte. Ich verstehe, wie viele nur an das eigene Überleben oder das der Familie dachten und Dinge taten, die sie sonst nie getan hätten. Was ich nicht verstehe, ist das „Wieso". Wieso konnte man das nur wollen, wie kann man auf diese kranke Idee kommen, Millionen von Menschen einfach vernichten zu wollen, die die eigenen Freunde, Nachbarn, Angestellten und Chefs waren?

Noch etwas ganz anderes hat die Reise bewirkt, Auslöser war aber nicht Auschwitz, sondern mein Zimmernachbar: Mein Zimmernachbar machte täglich seine Tai-Chi-Übungen und diese sahen recht interessant aus. So meldete ich mich nach der Reise zu einem Probetraining an. Noch heute gehe ich regelmäßig ins Training und übe privat.

An was erinnerst Du Dich heute noch, wenn Du an die Reise zurückdenkst?

Die Zäune. Die sind am deutlichsten hängen geblieben. Danach der Torbogen, der diesen absurden und fast ironischen Spruch zeigt: „Arbeit macht frei". Das „B" war übrigens verkehrt herum montiert, der Bauch war oben dicker als unten. Auch von den ganzen Gebäuden ist viel hängen geblieben, wie sie einerseits ziemlich groß waren und doch viel zu klein, um diese Masse an Menschen zu beherbergen. Einige Bilder von Ausstellungen haben sich auch eingeprägt, die Berge von Haaren und Brillen zum Beispiel.

Ich muss sagen, dass von den Gesprächen nicht sehr viel hängen geblieben ist. Das ist bei mir aber ein allgemeines Phänomen und hat nichts mit der Reise zu tun. Ich weiß aber noch, dass mir die Gruppe sehr wichtig war, zum einen, weil durch die Gespräche viele neue Denkanstöße entstanden sind, aber auch, um sich abends oder beim Essen wieder von dem Thema lösen zu können.

Heike Schmidt-Brücken, Freiwilliges Engagement
Diakonisches Werk Württemberg

Überraschung im Archiv

Bis 2009 dachte ich immer, dass Auschwitz-Birkenau und die Verbrechen, die dort stattgefunden haben, mit meiner Familie nichts zu tun hätten. Ich selbst bin 1963 geboren und meine Eltern waren bei Kriegsende 15 bzw. 17 Jahre alt. Mein Vater wurde kurz vor Kriegsende als Flakhelfer nach Berlin abkommandiert. Er überlebte den Kriegseinsatz zwar, hatte aber zeitlebens mit nicht operablen Granatsplittern im ganzen Körper zu kämpfen. Darunter litt er sehr. Meine Mutter wurde als Rot-Kreuz-Helferin eingesetzt. Der Krieg und die Kriegszeit waren in meiner Familie nie ein großes Thema. Vielleicht lag es daran, dass für meine Eltern der Alltag nach dem Krieg von viel größerer Bedeutung für ihr zukünftiges Leben war.

Meine Eltern sind im Vogtland geboren und aufgewachsen. Mein Großvater väterlicherseits war ein angesehener Landarzt. Seine beiden Söhne schickte er auf das Gymnasium und sie erhielten so eine umfassende Bildung. Beide sollten studieren. Mein Vater hatte eine große Neigung zur Architektur entwickelt. Die große Brücke im Vogtland faszinierte ihn sein Leben lang. Sein Bruder wollte, wie sein Vater, Medizin studieren.

Meine Mutter wuchs in Plauen auf und wurde ausgebombt. Ihre Familie zog zu den Großeltern ins Haus nach Hirschberg an der Saale. Nach dem Krieg ging meine Mutter zurück nach Plauen.

Das Kriegsende und die Niederlage Deutschlands teilten das Land in Besatzungszonen auf. Meine Eltern lebten fortan in der sowjetisch besetzten Zone. Mit dem Regimewechsel etablierte sich auch die neue kommunistische Ideologie im Land. Eine davon war, dass die zukünftige Republik ein Arbeiter- und Bauernstaat sein solle. Kinder von Akademikern durften ab sofort nicht mehr studieren, sondern mussten eine Ausbildung machen. Da meinem Vater so ein angestrebtes Architekturstudium verwehrt geblieben ist, lernte er in einem Staatsbetrieb das Maurerhandwerk und baute die Vogtlandbrücke wieder mit auf. Nach Beendigung seiner Maurerlehre drängte mein Großvater darauf, dass mein Vater in die „Westzone" flüchten solle, um dort zu studieren. Er sah für seine Söhne unter dem neuen Regime keine gute

Zukunft. Der Bruder meines Vaters sollte ebenfalls in den Westen flüchten. Da beide mittellos waren und mein Großvater nicht ausreisen wollte oder konnte, vermittelte er seine Kinder an Verwandte im Westen. Mein Vater ging also eines Nachts illegal über die Grenze, kam in das französische Auffanglager und von dort bei seiner Tante in Zwiefaltendorf unter und sein Bruder wurde ins Ruhrgebiet verschickt. Mein Vater studierte Architektur und mein Onkel Medizin. Meine Mutter schaffte es Mitte der 50er-Jahre, illegal in die Bundesrepublik auszureisen. Meinen Eltern gelang es, weit weg von der Heimat eine eigene Familie zu gründen und eine neue Existenz aufzubauen.

Im Herbst 2009 war ich mal wieder mit meinem Mann als Teilnehmerin auf seiner Studienreise nach Auschwitz-Birkenau. Ich war schon mehrmals dort gewesen. Der Besuch des Archivs und das Lesen der Kopien von den Originaldokumenten gehört für mich zu den eindrücklichsten Erlebnissen. Die Museumsleitung gewährt den Gruppen meistens zwei Stunden Lesezeit. Das ist angesichts der Vielzahl und Unterschiedlichkeit der Dokumente kurz. Ich verliere mich jedes Mal in einem Dokument und die Zeit vergeht im Flug. Bei diesem Besuch studierte ich einen Ordner, der den Briefwechsel zwischen dem Museum Auschwitz-Birkenau und der Zentralen Stelle für Naziverbrechen in Ludwigsburg dokumentierte. Dieser Ordner interessierte mich, auch weil ich nicht erwartet hatte, dass auch diese Schriftwechsel dokumentiert und aufbewahrt werden.

In einem dieser Dokumente entdeckte ich eine Liste aller Ärzte, die in Konzentrationslagern tätig waren. Die Ärzte waren alphabetisch aufgelistet. Bei dem Namen Dr. Franz von Bodman stockte ich. War er doch der Ehemann der Tante meines Vaters, bei der er nach dem Krieg die ganze Zeit gewohnt hatte.

Nach dem ersten Schock über diese unerwartete Entdeckung galt es nachzuforschen. Ich gab also den Namen an die Leiterin des Archivs im Stammlager und bekam eineinhalb Tage später verschiedene Kopien von Berichten. Immer wieder tauchte der Name Dr. Franz von Bodman auf.

So erfuhr ich, dass Franz von Bodman in vielen Konzentrationslagern gearbeitet hat. Ein Bericht einer jungen Frau aus dem Lager erzählte davon, wie er einer anderen Frau eine Spritze in den Nacken gestochen und sie dadurch getötet hat. Durch die verschiedenen Berichte und Aussagen der Amerikaner kam heraus, dass er Häftlinge mit der

Phenolspritze getötet hat. Manche Quellen bezeichnen ihn als Erfinder dieser Tötungsart.

Plötzlich ist Auschwitz nicht mehr nur ein Werk von anderen Mördern, sondern auch ein Teil meiner Familie.

Was ich lesen konnte, erschütterte mich zutiefst. Dr. Franz von Bodman war schon lange vor dem Krieg in die SS eingetreten und wurde in mehreren Konzentrationslagern eingesetzt. Am Ende des Krieges war er in der Zentralverwaltung in Berlin, setzte sich nach der Kapitulation ab und wurde gefangen genommen. KZ-Arzt Dr. Franz von Bodman tötete sich im Mai 1945 im Kriegsgefangenenlager selbst.

Mein Vater wurde nach Zwiefaltendorf zu seiner Tante (der Witwe des Kriegsverbrechers Dr. Franz von Bodman) vermittelt. Als mein Vater Anfang der Fünfzigerjahre in das kleine Dorf zog, lebte seine Tante zurückgezogen im Jagdhaus neben dem kleinen Schlösschen. Das Schloss hatte sie vermietet, um ihre Existenz zu sichern. Der KZ-Arzt Dr. Franz von Bodman hatte mit der Tante meines Vaters vier Kinder. Während seiner Zeit in den verschiedenen Konzentrationslagern hatte Franz von Bodman eine KZ-Aufseherin zur Geliebten.

Nachdem ich nun diesen Zusammenhang hergestellt hatte, fragte ich mich natürlich: Hat mein Vater um die Vergangenheit von Dr. Franz von Bodman gewusst? Seiner Familie gegenüber hat er immer nur gesagt, dass Franz von Bodman schreckliche Dinge im Krieg erlebt habe. Dass er KZ-Arzt war, hat er nicht gesagt oder auch nicht gewusst. Da mein Vater sein ganzes Leben lang kein großer Redner war bzw. nie viel gefragt hat, kann ich mir gut vorstellen, dass er nichts gewusst hat. Meine Mutter wusste sicher nichts. Sie wusste von ihrer Schwiegermutter, dass deren Schwester wegen ihres Mannes nach dem Krieg angeschrien und angepöbelt wurde. Deshalb hatte sie sich in dieses kleine Dorf zurückgezogen. Hier ist schon interessant, dass alle berichteten, dass er schreckliche Dinge erlebt habe, und nicht, dass er schreckliche Dinge getan hat. Was sie wirklich wussten, lässt sich leider nicht mehr beantworten. Mein Vater ist vier Jahre vor meiner Entdeckung der Geschichte des SS-Arztes Dr. Franz von Bodman gestorben.

Mit meinem Vater war ich zweimal in Zwiefaltendorf. Er wollte mir zeigen, wo er gewohnt und gelebt hat, wo er schöne Erlebnisse hatte und gleichzeitig Hunger und Entbehrungen kennengelernt hat. Er zeigte mir auch das Familiengrab von den von Bodmans. Dr. Franz von Bodman ist ohne Angaben mit im Familiengrab bestattet. Meine Schwestern, meine Cousins und meine Cousine einschließlich ihrer Familien haben durch mich diesen Teil unserer Familiengeschichte erfahren. Auch sie wussten nichts.

Was mich nachhaltig beschäftigt, ist, dass wir es nicht wussten, dass es uns niemand gesagt hat, dass ein Verwandter von uns ein grausamer Täter war und im Sinne der nationalsozialistischen Wertvorstellung hemmungslos und ohne Skrupel Menschen getötet hat.

Renate Franz, Spendenabteilung (Eva)

*Die Auschwitz-Birkenau-Studienreise 2002 prägt mich bis heute
immer wieder neu*

Groß war die Freude darüber, dass Volker Häberlein, Abteilungsleiter
innerhalb der Evangelischen Gesellschaft Stuttgart, uns Verwaltungs-
mitarbeiterInnen die Möglichkeit eröffnete, an den Studienreisen
nach Auschwitz-Birkenau teilzunehmen. Musste er doch für seine
Idee u. a. beim Vorstandsvorsitzenden, Herrn Pfarrer Heinz Gerstlauer werben. Es war bisher eine Multiplikatorenreise für die Mitarbeitenden mit sozialpädagogischem Hintergrund gewesen.
Was erwartet uns? Mit uns meine ich uns vier Kolleginnen aus der
Verwaltung der Eva. Mit diesen hatte ich bisher schon ein gutes kolle-
giales Verhältnis. Aufgrund unserer gemeinsamen Auschwitz-Ge-
denkstättenfahrt entstand Freundschaft. Wir fahren seit 2002 jedes
Jahr eine Woche miteinander in Urlaub, immer innerhalb Deutschlands. Im September 2012 ist es die elfte Urlaubswoche, die wir dieses Jahr am Chiemsee verbringen. Wir zählen Auschwitz als Grund-
stock mit. Das dort Erlebte und Empfundene verbindet uns. Längst
sind wir alle Rentnerinnen.
Mit gemischten Gefühlen, jedoch voll gespannter Erwartung treffe ich
mich mit den anderen gut 20 Fahrtteilnehmern am 26. Oktober 2002
um 19.00 Uhr am Stuttgarter Hauptbahnhof. Catherine Etzel, Sozialpädagogin, leitet zusammen mit Volker Häberlein die Reise. Wir nehmen den Nachtzug über Ostberlin und kommen am nächsten Tag
spätnachmittags in Auschwitz, polnisch Oświęcim, an. Unser Hotel
liegt direkt am Bahnhof. Nachts höre ich an- und abfahrende Züge am
Bahnhof. Mich stören diese Geräusche wenig. Später erfahre ich jedoch von einem Auschwitz-Zeitzeugen, dass er nach 1945 nie in diesem Hotel übernachten konnte, weil die Zuggeräusche nachts ihn zu
sehr an seine Deportation nach Auschwitz erinnerten. Dies ist der
erste Punkt, der bei mir ein tiefes Mitfühlen für die deportierten Menschen auslöste. Ich kann bis heute nicht nachempfinden, dass die nationalsozialistische Diktatur das ganze jüdische Volk auslöschen wollte. Menschen systematisch töten. Vorher brutal und menschenverach-
tend quälen und benutzen. Für mich ist dies vom Gefühl her nicht zu
begreifen.

Am 28. Oktober treffen wir zum ersten Mal im Stammlager Auschwitz unsere Gedenkstätten-Führerin. Sie begleitet uns die nächsten Tage. Eine Polin, ihr Vater wurde im Dritten Reich in Auschwitz ermordet. Diese Frau beeindruckt mich noch heute. Sie sprach sehr gut deutsch, immer mit gleichbleibender Stimme, nie vorwurfsvoll oder anklagend, auch nicht wütend oder traurig. Übrigens: „Gedenkstätten-Führerin" – seit meiner Auschwitz-Studienreise habe ich ein Problem mit dem Wort „Führer". Immer, wenn ich in einem Satz dieses Wort „Führer" aussprechen möchte, suche ich schnell nach einer anderen Bezeichnung. Wobei z. B. ein „Wanderführer" eben als „Wanderführer" bezeichnet wird.

Rückblickend erkenne ich, dass ich die Grausamkeiten in Auschwitz-Birkenau unterschiedlich rasch erfassen konnte. Beispielsweise wirkte der Satz über dem Eingang zum Lager „Arbeit macht frei" beim ersten Mal nicht besonders zynisch auf mich. Erst nach dem Kennenlernen und Begreifen des schrecklichen Geschehens in Auschwitz-Birkenau wurde mir nach einigen Tagen bewusst, wieviel boshafter Zynismus hinter diesem Satz steckt.

Unsere polnische Gedenkstätten-Informantin (jetzt habe ich ein anderes Wort gefunden) bestieg mit unserer Gruppe als Erstes einen der Wachtürme. Von hier oben hatten wir einen weiten Blick über die Baracken des Lagers. Aus der Höhe schienen Elend, Hunger, Verzweiflung, Schmerz, Kälte, Vernichtung und Tod der damaligen Insassen weit weg. Dies änderte sich schnell, als wir unten die erste zugige Holzbaracke betraten. Ich, mit gezücktem Fotoapparat, wollte die dreistöckigen Pritschen aufnehmen. Dabei füllten sich vor meinen Augen diese elenden Lagerstätten mit den armen Menschen, auf engstem Raum zusammengepfercht, die notdürftig nur auf einem Strohsack liegen konnten. Mein Arm mit dem Fotoapparat sank nach unten mit dem Gefühl: Ich kann dieses Elend nicht fotografieren. Eine Kollegin flüsterte mir noch zu: „Fotografiere doch." „Ich kann nicht", gab ich ihr zur Antwort. Sie hat mich sofort verstanden. Ab jetzt blieb mein Fotoapparat, solange wir in den Lagern waren, immer in meinem Rucksack. Ich nahm mir vor, mir im Erinnerungsstätten-Shop so viel Informationsmaterial wie möglich zu kaufen, was ich auch tat. Im Shop hatte ich dann wiederum eine innere Hürde zu überwinden: Einige Publikationen hatte ich schon für mich ausgesucht, da machte mich Volker Häberlein auf das Buch „Auschwitz in den Augen der

SS" aufmerksam. Ich zögerte und dachte: „Ich will mich doch nicht mit der ‚SS' befassen". Ich überwand mich und kaufte dieses Buch doch. Später war ich froh darum, weil es mir „Auschwitz-Birkenau" noch aus einem anderen Blickwinkel eröffnete. Jahre später erging es mir so mit Adolf Hitler. Ich hatte mir eine Hitler-Biografie gekauft. Lange Zeit stand sie ungelesen in meinem Bücherregal. Ich dachte immer wieder: „Was soll ich so viel Lesezeit an diesen nationalsozialistischen Verbrecher verschwenden." Ich erkannte in der Folge, dass ich ja nicht der SS oder Hitler durch das Lesen meine Reverenz erweise, sondern dass ich durch mein Befassen mit diesen mir unangenehmen Aspekten dazulerne.

Mit ihrer gleichbleibenden Art und Stimme brachte uns unsere Auschwitz-Birkenau-Informantin die Lager näher. Bestimmte Stationen haben sich mir in der Erinnerung besonders eingeprägt. Unabhängig davon, ob auf Fotos und in einem Film gesehen oder direkt in den Lagern:

Die Ankunfts-Selektions-Rampe, an der Lagerarzt Josef Mengele mit einer Daumenbewegung über das weitere Schicksal der Ankömmlinge entschied. Ob sie gleich ins Gas geschickt oder zur Zwangsarbeit abkommandiert werden sollten. Die Latrine in den Baracken, auf einer langen Bank aneinander gereihte Klolöcher. Ein Nährboden für Seuchen. Der spezielle Bock, auf dem die Häftlinge angeschnallt ausgepeitscht wurden. Der Sammelgalgen, vor dem bei Erhängungen die übrigen Häftlinge antreten mussten. Der Todesblock mit seinem Häftlingsgefängnis und der Hinrichtungswand. Hier wurden Tausende, vor allem polnische Menschen erschossen. Der Krankenblock, in dem bestialische Menschenversuche durchgeführt wurden. Die Archive mit Bergen von Schuhen, Bürsten, Haaren, Rasierpinseln, Brillen, Kleidern und Koffern.

In Birkenau gingen wir auf dem Weg, den die Todeskandidaten ins Gas gegangen waren. Von dort kamen sie zur Verbrennung in die Öfen. Der Weg hatte helle Kieselsteine. Wir sahen in einem Film, wie Frauen diesen Weg nackt gehen mussten, Kinder zwischen ihnen. Wir standen hier vor den Ruinen der Gaskammern und des Krematoriums. Wir kamen an einem See vorbei, in den die Asche der verbrannten Leichen geschüttet wurde. Diese Arbeiten mussten Häftlinge verrichten.

Dies alles ist nur ein Ausschnitt aus meinen Erinnerungen, die heute noch Entsetzen in mir auslösen.

Wir vier Kolleginnen waren froh, dass wir uns über das Erlebte gegenseitig austauschen konnten. Vom Hotel war es nicht weit in die Innenstadt von Oświęcim. Dort fanden wir ein Café mit freundlichen, jungen Bedienungen. Sie konnten einige Brocken deutsch. Wir waren in diesem Café mehrere Male. Beim letzten Besuch verabschiedeten wir uns herzlich voneinander. Mir tat dieser freundliche Abschied von den jungen Polinnen richtig gut.

Den letzten Tag unserer Auschwitz-Birkenau-Reise verbrachten wir in Krakau. Er sollte uns dazu verhelfen, wieder im „normalen" Leben anzukommen. Bevor sich die Gruppe zum gemeinsamen, leckeren Abendessen in einem interessanten Lokal traf, hatten wir Zeit zur freien Verfügung. Wir vier Frauen entschieden uns, in der Altstadt Krakaus zu bleiben, und besuchten die Marienkirche. Die Anfänge der Kirche gehen bis ins 14. Jahrhundert zurück. Wir setzten uns in eine Kirchenbank, und ich spürte, wie das Entsetzliche der letzten Tage etwas verblasste, angesichts der mittelalterlichen Baukunst. Eine direkte heimatliche Verbindung entstand, als wir entdeckten, dass der mehrflügelige Lindenholzaltar von dem aus Horb am Neckar stammenden Bildhauer und Schnitzer Veit Stoß geschaffen worden war. Die Tuchhallen mit ihrem vielfältigen Warenangebot ließen wieder Lebendigkeit in mir wachsen. Hier konnten wir nach Herzenslust stöbern, vor allem der Bernsteinschmuck interessierte mich. Ich empfinde heute noch, dieser Abschluss unserer Reise nach Krakau war von Catherine Etzel und Volker Häberlein gelungen gestaltet.

Nach Auschwitz-Birkenau

Die Zeit nach unserer Gedenkstättenreise war bei mir durch einen großen Wissensdurst geprägt. Ich wollte möglichst viel über die jüdische Geschichte erfahren. Warum wurden die jüdischen Menschen immer wieder ausgegrenzt, bis hin zum Holocaust im Dritten Reich? Meine Selbststudien zum Thema brachten mich dazu, mir eine umfangreiche Bibliothek mit dementsprechender Literatur zuzulegen.

Etwa ein Jahr später entstand bei mir der Gedanke: Was kann man vom Gefühl und Verstand diesen Gräueltaten entgegensetzen, die während der nationalsozialistischen Diktatur von Deutschland ausgingen, geschahen? Ich meine, das ist, wenigstens ansatzweise, der Widerstand im Dritten Reich! Da ich ursprünglich aus Heidenheim/

Ostalb komme, war mein Weg zu dem nur wenige Kilometer entfernt beheimateten Hitler-Attentäter Johann Georg Elser nicht weit.

Ich bin Jahrgang 1942. Wir lernten in der Schule wenig über die nationalsozialistische Epoche. Ich sprach in den letzten Jahren einmal mit meinem Geschichtslehrer von 1955 darüber. Er erklärte mir: Er sei als 17-Jähriger, kurz vor dem Abitur, zur Wehrmacht eingezogen worden. Er überstand die Kriegszeit zum Glück unverwundet. Vom Krieg nach Hause gekommen, wurden er und seine Familie aus der damaligen Tschechoslowakei vertrieben. In Süddeutschland angekommen, musste er sein Abitur ablegen. Danach erst konnte er an ein Studium denken. 1954 kam er als Junglehrer an unsere Schule. Sein älterer Bruder war im Krieg gefallen. Darunter litt seine Mutter sehr. Er sagte mir, er habe 1955 nicht den Abstand gehabt zu der Zeit zwischen 1933 und 1945. Er war ein von uns sehr geschätzter Lehrer. Wir Schülerinnen und Schüler lernten nur, wann der Zweite Weltkrieg begonnen und wann er geendet hatte.

Ich stand kurz vor meinem Vorruhestand. Es bot sich für mich an, mir eine neue Aufgabe zu setzen. Mein Ziel war, Vorträge über den Attentäter Georg Elser zu halten. Elser wollte am 8. November 1939 im Münchner Bürgerbräukeller Hitler und die weitere obere NS-Führung töten. „Ich wollte den Krieg verhindern", gab er zu Protokoll. Wie bekannt, misslang das Attentat und Georg Elser wurde am 9. April 1945 durch einen Genickschuss im KZ Dachau getötet. Ganz gezielt eignete ich mir Wissen über den Nationalsozialismus an. Meine geschichtliche Literatursammlung wuchs und wächst immer noch. Ich gründete einen Georg-Elser-Arbeitskreis in Stuttgart, bereitete eine Georg-Elser-Veranstaltung im Haus der Geschichte in Stuttgart vor. Am 73. Jahrestag des Attentats kam das „Hörbild mit Musik zu Georg Elser" zur Aufführung.

Inzwischen haben sich für mich interessante Verbindungen zu Leuten aus den Stuttgarter Stolpersteininitiativen entwickelt. Ich bin mit meinem G-E-AK Stuttgart Mitglied im Hotel-Silber-Verein e.V. Dieser Verein hat sich jahrelang nicht nachlassend für den Erhalt der ehemaligen Gestapo-Zentrale in Stuttgart eingesetzt. Hier saßen die Schreibtischtäter und erstellten die Listen der zu deportierenden Menschen aus dem württembergisch-hohenzollerischen Süddeutschland in die Vernichtungslager der Nazis. Das Gebäude sollte für die Erweiterung eines namhaften Stuttgarter Kaufhauses abgerissen werden. Nun bleibt es erhalten. Dort wird ein Gedenk-, Lern- und Forschungsort entstehen.

Manchmal werde ich gefragt, weshalb ich mich so vielfältig engagiere. Ich gebe zur Antwort:

> „Ich war in Auschwitz-Birkenau"

Meist bekomme ich darauf ein verständnisvolles „Aha" zu hören. Mehr muss ich nicht erklären.

Janina Boegel, früher Schülerin, heute Lehrerin

Sprechen über Auschwitz

Uns fällt das Sprechen über Auschwitz schwer. Und auch das Schreiben fällt uns schwer. So stellen wir uns die Frage, wie wir über Auschwitz und über unsere Gefühle sprechen, die wir mit dem Thema oder dem Ort verbinden. Was berührt uns so an diesem Ort, dass wir nicht darüber sprechen wollen?
Uns? Das sind viele. Das sind wir als Deutsche, das ist die junge Generation, das sind diejenigen, die schon mal in Auschwitz waren, und natürlich diejenigen, die sich mit dem „uns" identifizieren.
Wenn man sich differenzierter ausdrücken möchte, muss man eingestehen, dass das Sprechen über den Ort an sich im Sinne von Beschreiben gar nicht so schwer fällt. Man beschreibt Auschwitz I mit dem berühmten Eingangsschild und den vielen Kasernen, den verschiedenen Länderausstellungen und dem Weg nach Auschwitz II. Man sieht sich in Gedanken den Weg an den Schienen entlang laufen, und schon steuert man direkt auf das große Tor mit der dahinter liegenden Rampe zu, die man aus so vielen Filmen kennt. Die Birkenwälder, die Weite und die Stille. Manchem fällt vielleicht noch die Kantine ein, die zwischen den beiden Lagern liegt und in der es so leckeren gestampften polnischen Kartoffelbrei gibt.
Doch dann verlassen wir beim Sprechen das Beschreiben und wenden uns unseren Gefühlen zu. Gefühle, die dieser Ort zwangsläufig mit sich bringt, und schon bald fallen uns keine Worte mehr ein, die diese Gefühle ausdrücken könnten und die anfänglich nicht mit einem Kloß im Hals gesprochen würden.
Doch nun liegt es an mir, das „uns" zu verlassen und zum „ich" überzugehen, um meinen Erinnerungen und Gefühlen Worte zu geben, und auch bei mir ist es eine Mischung aus Beschreibung und Erinnerung.

Bei meinem ersten Auschwitzaufenthalt sind wir mit dem Zug nach Polen gefahren. Irgendwo in Tschechien hielt der Zug plötzlich mitten auf der Strecke an und wir standen dort für mehrere Stunden einfach so, wir konnten die Ansagen nicht verstehen. Diese Situation ließ mich an die vollen Viehwaggons denken. Als es endlich weiterging, stand ich oft am geöffneten Fenster und ließ mir den Wind um die

Nase wehen, während Wälder und Felder an mir vorbeizogen. Welch ein Unterschied zu den vollgestopften Viehwaggons, voll mit Menschen, Tod, Gestank und Angst. Angst vor der Zukunft, die keine Zukunft mehr war.

Am Ziel angekommen, über das große, menschenleere Gelände laufend, war ich entsetzt über dessen Weitläufigkeit. So groß hatte ich es mir nicht vorgestellt. Und vor allem wirkte es so friedlich, still und harmonisch. Wir waren an einem schönen Tag da. Es war kalt, aber die Sonne schien und nahm den Eindrücken ihren Schrecken. Wenn man Auschwitz an einem kalten, regnerischen Wintertag besucht, wird wahrscheinlich auch die Wirkung des Geländes eine andere sein. Ich kenne Auschwitz nur im Sonnenschein. Und trotz allem steht man auf dem Gelände des größten deutschen Konzentrationslagers – mit einer Million Opfern. Selbst die Schornsteine, stille Zeugen des Unfassbaren, wirken wie friedliche Totenwächter.

Man läuft über das Gelände, still, bedrückt und in Gedanken, meist alleine oder in Kleingruppen, die Lust zu sprechen wird durch den großen Kloß im Hals immer kleiner. Und dann trifft man plötzlich auf eine Gruppe junger Israelis, die in große israelische Flaggen gehüllt sind, laut – und in meinen Augen respektlos, die in Horden über das Gelände geschleust werden. Spätestens ab diesem Moment beginnt man sich auf irgendeine Weise mit der Schuldfrage auseinanderzusetzen und sich zu fragen, warum man sich so anders als die jungen Israelis über das Gelände bewegt. Weder die jungen Israelis noch ich haben den Krieg erlebt, auch unsere Eltern sind sehr wahrscheinlich nach dem Krieg geboren. Und doch fühlt man sich als Deutscher befangen. Aber warum scheinen die jungen Israelis nicht genauso betroffen zu sein wie ich? Warum können sie an diesem Ort so ungeniert laut sein, lachen und sich in meinen Augen total danebenbenehmen? Wahrscheinlich hat es nichts mit dem Thema Israeli oder Deutsche – um weiter in einer mir unangenehmen, aber genehmen Polemik zu sprechen – zu tun, sondern vielmehr mit der Ausgangssituation. Ich bin in Auschwitz, weil ich es sehen möchte. In Israel ist es mehr oder weniger ein Muss, mit der Schule nach Auschwitz zu fahren. Ich erinnere mich an viele Klassenreisen, die ihre Eigendynamik entwickelt haben. Das ist wahrscheinlich eine mögliche Deutung des großen Unterschieds. Trotzdem fühle ich mich gestört und bin gleichzeitig beschämt, dass ich mich gestört fühle.

Aber auch das gehört zu Auschwitz und den Erfahrungen. Jeder – unabhängig von Alter, Nationalität und Religion – erlebt es anders. Man kann nie vorhersehen, wie man sich verhalten wird oder von welchen Gefühlen man erfasst wird.

Die Schuldfrage und ein unbestimmtes Schamgefühl sind die ersten Begleiter einer solchen Reise. Zudem kommt man immer an den Punkt, an dem man Auschwitz auf sich selbst und auf das eigene Leben überträgt, und die Frage „Hätte ich das überlebt?" ist ein weiterer gedanklicher Begleiter.

Bei meinem ersten Auschwitzaufenthalt war ich dreizehn Jahre alt und fest der Überzeugung, dass ich das Lager überlebt hätte. Nun, doppelt so alt und Mutter von zwei Kindern, weiß ich, dass ich in der heutigen Situation das Lager mit meinen kleinen Kindern nicht überlebt hätte. Dafür hätten meine Kräfte nicht gereicht und spätestens an der Rampe in Birkenau wäre unser Schicksal entschieden gewesen.

Meine Perspektive hat sich geändert und ich weiß, dass ich Auschwitz bei einem weiteren Besuch wesentlich emotionaler wahrnehmen werde. Woran es liegt? Am Alter? An den Kindern? Wahrscheinlich an beidem. Nur meine ersten Begleiter, die Schuld und die Scham, werde ich nicht mehr so empfinden.

Sechzig Jahre nach Kriegsende geht es nicht mehr um Schuld oder nicht Schuld. Was damals geschehen ist, können wir nicht mehr ändern. Wir können es in Erinnerung behalten. Wir können vermitteln, was damals geschehen ist und was sich, wenn man von Genozid spricht, im Grunde genommen auch schon wiederholt hat, wenn auch in anderen Ausmaßen.

Ich bin Deutsche, ich gehöre der jungen Generation an und fühle mich nicht mehr verantwortlich für das, was damals geschehen ist. Aber ich habe die Verantwortung, das Auschwitz in den Köpfen zu bekämpfen. Auschwitz ist überall, und es ist gar nicht so einfach, das Auschwitz im Kopf nicht entstehen zu lassen. Fangen wir bei uns selbst an. Oder wie Peter Eisenman[5] sagte: „Seid entspannt!" Aber kann man das bei einem Auschwitzbesuch wirklich sein?

---

5 Architekt des „Denkmals für die ermordeten Juden Europas" in Berlin mit seiner Aussage über die Deutschen und den Holocaust

Martin Elsässer, Pfarrer

Auschwitz – ein Tageblatt

Kein Ort – der Ort
Kein Ort so still – kein Ort voll solcher Gedanken und Schreie
Kein Ort so einsam – kein Ort verbindet so die, die zusammen dort
sind
Menschen, so unbeschreiblich grausam – Menschen, so unfassbar
aufrecht
Es drückt abgründige Last der Geschichte – es bebt unbegründete
Gnade, zu leben
Nicht auszuhalten die Absurdität in allem – wie wichtig jede
Kleinigkeit, die vom Leben kündet
Ein Ort, den es nie geben durfte – ein Ort, der jetzt nicht mehr
verschwinden darf
Es bleibt immer, nach den Gründen zu suchen – was zählt, ist
allein, dass es beendet wurde
Immer wieder gehe ich zu denselben Büchern und Tafeln,
als könnten sie sich ins Lebendige verwandeln –
das Bier schmeckt anders am Abend
Ich danke dem, der mich zur Reise dorthin eingeladen und motiviert
hat
Deutscher Ort – polnischer Ort
Ort für die Älteren – Ort für die Jungen
Ich werde ihn nicht mehr los – er wird dazugehören
Dass das Grauen keinen Ort je findet wieder – der dort verborgene
Gott gebe uns den Mut
und die Klarheit dafür zu entscheiden zu denken und zu handeln
War da nicht am Ort noch die Rose im Grau des November – ich
weiß es nicht mehr oder

Der Verfasser will unbekannt bleiben

Brief
Auschwitzfahrten

Lieber Herr Häberlein,

da es mir ein Anliegen ist, Ihnen selbst mitzuteilen, warum <u>ich</u> das Thema „Auschwitz" für mich als abgeschlossen ansehen <u>muss</u>, diese Zeilen:
Bevor wir zur Reise nach Auschwitz angetreten sind, habe ich mich durch Literatur im Vorfeld intensiv mit dem Thema befasst. Die vorhandenen Kenntnisse waren mir zu wenig – vielleicht auch zu oberflächlich. Es war für mich erschreckend zu lesen, was alles vorgefallen sein soll. Ich sagte mir aber, „… schreiben kann man viel!"
Dann aber, durch die Besichtigung der Gedenkstätte „Auschwitz/ Birkenau" und durch die Schilderung des Zeitzeugen, wurde das Unfassbare Wirklichkeit. Überhaupt das Schicksal der Kinder – die Augen gingen mir nicht mehr aus dem Kopf – war/ist für mich u. a. unbegreiflich.
Nach dem Nachtreffen in Stuttgart habe ich alle Bücher weggeworfen und musste für mich selbst sagen: „Schluss!"
Auch wenn das Thema aktuell bleiben muss, versuche ich mich zu schützen; auch wenn es oft nicht geht.
Für das Erscheinen des vorgesehenen Lesebuches wünsche ich Ihnen viel Erfolg und starke Nerven!

Gruß

Kathrin Etzel, Jugendhilfe (Eva)

Brief

06.11.2010

Lieber Papa,

seit wir am Samstag telefoniert haben, möchte ich Dir gerne einen Brief schreiben, auch wenn ich nicht wirklich gefasst kriege, was ich Dir eigentlich schreiben möchte.

Jetzt schreibe ich halt einfach!

Ich hab' mich ganz arg gefreut, dass Du angerufen hast, um nicht nur Höflichkeiten auszutauschen. Die meisten Leute haben sich bisher nicht einmal getraut zu fragen, wie es denn in Auschwitz war, sicherlich weil klar ist, dass ich nicht „toll" antworten kann.

Seit wir im Sommer auf der Île d'Oléron über meine Auschwitz-Fahrt diskutiert haben, wusste ich, dass auch Du Dir viele Gedanken zu diesem Thema machst. Früher war mir das nicht klar. Am Samstag habe ich aber so deutlich gemerkt, dass Du Dich trotz aller Schmerzen diesem ganzen Horror stellst, und das hat mich sehr berührt. Ich wusste zum Beispiel auch nichts von allem, was Du plötzlich über Struthof erzählt hast. Von Oma kam auch eher die – wenn auch vielleicht verständliche – Meinung, was ich mir denn einen so unschönen Ort freiwillig anschauen müsse und dass ich mich bloß nicht zu viel mit dieser Vergangenheit beschäftigen solle. Manchmal ist es schwierig, einzuschätzen, wer was denkt, und gesprochen wurde bei uns nie sehr viel über das Dritte Reich mit Auschwitz und allem anderen.

Mich hat auch sehr berührt, dass Du Dich so sehr dafür interessierst, wie es mir geht, wenn ich nach Auschwitz fahre. Albi hat mir erzählt, dass Du angerufen hast, solange ich dort war, und Dein ehrliches Fragen am Samstag hat mir sehr gut getan. Deine Tränen auch. Ich habe gelernt, dass es Dinge gibt, bei denen kein Trost möglich ist, sondern nur aushalten. Aber es tut gut, zu spüren, dass man nicht alleine trauert, sondern andere dasselbe fühlen.

Ich wollte Dir keinen schwülstigen Brief schreiben, sondern Dir einfach nur danken. Wahrscheinlich ist das jetzt aber schon passiert … die Bilder im Kopf machen einen ziemlich dünnhäutig.

Nun denn, bevor ich noch weitere Ergüsse zu Papier bringe. Danke für's Nachfragen, für's Mitfühlen, Danke, dass Du mir Deine Gefühle zeigst, ich weiß, wie schwer Dir das fällt. Ich bin froh, Dich als Vater zu haben. Und ich hoffe, dass Dir dieser Brief nicht irgendwie kitschig vorkommt.

Lieber Gruß,
Kathrin

Liebe Mama,

Dein Brief neulich hat mich sehr gefreut. Ich hatte nach dem Telefongespräch nur Papa geschrieben, weil wir ein sehr aufwühlendes Gespräch hatten, wo ich Papa auch sehr dankbar war, dass er mir seine Gefühle gezeigt hat. Vielleicht war deswegen der Inhalt des Gespräches schwer wiederzugeben. Es ist nicht, dass es schwierig ist, über Auschwitz zu sprechen. Über das Gesehene und Gefühlte zu sprechen, ist etwas schwierig, da man viel gesehen, gehört, gelesen haben kann, und letztendlich dann dort doch überwältigt ist. Das, was man dort an Wahnsinn, Menschenverachtung, systematischem Quälen und Morden antrifft, lässt sich einfach nicht beschreiben. Und das kann schon jede Form von positivem Menschenbild ins Wanken bringen. Was für mich sehr interessant war, war schon, dass man, wenn man in Auschwitz ist, unweigerlich anfängt, sich mit sich selbst zu beschäftigen. Es gibt einen Moment, in dem man dort akzeptieren muss, dass man niemals mit dem Kopf verstehen kann, was da in der Vergangenheit passiert ist. Weil es alles übersteigt, was man irgendwie rational nachvollziehen könnte. Und dann wendet man sich nach innen und fängt an, sich mit sich selbst, mit der eigenen Gegenwart und Lebenssituation zu beschäftigen. Für mich war dort binnen kürzester Zeit einfach nichts mehr selbstverständlich, was sonst Alltag ist. Eine Wohnung zu haben, Eltern, Beziehung, Freunde, Freiheit, Alltagsprobleme etc. Es ist erstmals alles nicht mehr, wie es war. Und man setzt sich mit dem, was man täglich macht und ist, auseinander.
Solche Gedanken und Gefühle wirken hier natürlich (Gott sei Dank) nach, und das habe ich auch aus Auschwitz mitgenommen. Es ist kein guter Ort dort, und wenn man im Lager steht, fragt man sich wirklich, wie da überhaupt wieder Grashalme aus dem Boden wachsen können. Aber er löst auch gute Gedanken aus. Viele von den Bildern werden mich natürlich auch nie verlassen. Und der Ort wird mich sicherlich immer wieder berühren, falls ich nochmal hinfahre. Ob ich mal mit Jugendlichen hinfahre oder mit Freunden, kann ich Dir jetzt noch nicht sagen, mal sehen. Man muss sich schon dessen bewusst sein, dass man auch eine Verantwortung für die mitreisenden Jugendlichen hat und nicht nur mit sich selbst beschäftigt sein darf. Aber es wird ja nicht heute entschieden!

So, ich werde jetzt noch zur Arbeit tingeln, morgen früh meine Koffer fertigpacken und dann geht's auf zur nächsten Reise …

Euch eine gute Woche und hoffentlich bis bald.

Liebe Grüße
Catherine

Thomas Gorny, Sozialpsychiatrie (Eva)

Brief

Lieber Volker,

es hat lange gedauert, bis ich in der Lage war, diese Zeilen zu schreiben. Zu sehr haben sich zwei persönliche Konflikte meinem Schreibvorhaben in den Weg gestellt.

Am 10.09.2012 war ich im Rahmen des Musikfestes Stuttgart, Themenabend „Verfolgter Glaube", im Theaterhaus und habe mir ein Klarinettenquartett von Paul Ben-Haim und das Klavierquintett von Micislav Weinberg angehört. Die vom ACE Ensemble sehr intim vorgetragenen Stücke transportieren (wie ich finde) die Erfahrungen von Paul Ben-Haim und M. Weinberg vor dem Hintergrund der politisch-geschichtlichen Ereignisse der Hitlerzeit.

Ben-Haim ist noch vor dem Krieg nach Palästina emigriert, und M. Weinberg hat, wie bekannt, fast seine ganze Familie in der Zeit der Nazi-Besetzung Polens verloren, sprich, seine Familie wurde von den Deutschen ermordet.

Das Klavierquintett ist, glaube ich, kurz nach Ende des Krieges entstanden. Beide Stücke haben mich sehr berührt; Ben-Haim verarbeitete in seinem Stück Melodien aus der jüdischen Volksmusik und bot dadurch auch einen emotionalen Zugang zum Stück.

In dem Stück von M. Weinberg hörte ich eine abstraktere Ausdrucksebene. Neben eindringlichen Phasen der Trauer und Verzweiflung interpretierte ich Teile des Stücks als Ausdruck des Nicht-Verständlichseins, des verlorenen Zugangs zum emotionalen Gehalt oder einer nachvollziehbaren Sinnhaftigkeit des Stücks.

Die beiden Stücke waren sehr berührend. Auf einer tieferen Ebene stellte sich das Gefühl des Verstehens der Aussage der Stücke ein. Ein Verstehen, das schwer in Worte zu fassen, aber emotional trotzdem greifbar ist. Traurigkeit, Wut und Phasen des sprachlosen Entsetzens oder der Distanziertheit und Fremdheit dem (musikalischen) Geschehen gegenüber habe ich, vermittelt durch das Hören, auch emotional nachempfinden können.

Das klingt recht schwülstig, aber was ich sagen will, ist, dass die Musik von beiden Komponisten mich berührt hat und mir das damalige Geschehen kognitiv und emotional nähergebracht und mich einbezogen hat.

Als ich 2009 mit Dir in Auschwitz war, hatte ich einen iPod mit vielen verschiedenen Musiktiteln dabei. Ich weiß noch, als wir von der Besichtigung von Auschwitz-Birkenau zurück in die Internationale Jugendbegegnungsstätte kamen, war ich in tief gedrückter und trauriger Stimmung. Ich saß auf dem Bett und klickte verschiedene Musikstücke an.
Ein Musikstück von Cat Stevens (Moonshadow) richtete mich wieder auf und ich konnte wieder hoffnungsvoller in die Welt schauen. Ich entspannte mich und atmete erst mal tief durch.

Heute jetzt, am Mittwoch, 12.09.2012, hörte ich diesen Titel beim Spaziergang durch Stuttgart per iPod wieder. Kaum waren die ersten Takte vergangen, überfiel mich ein tiefes Gefühl der Traurigkeit, und ich brach in Tränen aus. Ich stand etwas versteckt hinter dem CVJM und ließ den Tränen freien Lauf. Ich fand mein Weinen ehrlich, in dem traurigen Gefühl versammelte sich der Schmerz über die unschuldig durch die Nazis ermordeten Kinder, Frauen und Männer. Alle einfach aus ihrem Leben geholt, mit all den Träumen und Wünschen, die die Menschen so haben, und einfach so alles zerstört und ermordet.
Es dauerte noch etwa eine Viertelstunde, bis ich wieder gesammelt genug war, um zu meiner Bigbandprobe zu gehen. Aber in diesen Minuten hatte ich das Gefühl zu wissen, worum es im Leben geht, nämlich um so was wie aufrichtige, den anderen anerkennende zwischenmenschliche Beziehungen. Es stellte sich etwas bei mir ein, was der Begriff Humanität vielleicht zum Ausdruck bringen will und was zwischen wichtigen und unwichtigen Dingen im Leben unterscheiden lässt.

So kann ich sagen, dass das Musikstück „Moonshadow" von Cat Stevens meine Erlebnisse komprimiert, meine Erfahrungen und Hoffnungen nach meinem Besuch in Auschwitz zum Ausdruck bringt.

Volker, ich weiß nicht, inwieweit Du Teile des Textes noch mit in dein Vorhaben nehmen willst. Wichtig für mich ist, diesen Text erst mal zu Papier gebracht zu haben!

Liebe Grüße
Thomas

Anmerkung:

Dieser Text ist ein Auszug eines längeren Briefes an den Herausgeber des Lesebuches. Die Kürzung des Briefes ist vom Verfasser autorisiert.

Heiko Bauder (Tätowierer, Teilnehmer als Gast einer Fahrt)

E-Mail

Stuttgart, 1.8.2012

Hallo Volker,

ich habe es nun endlich geschafft, die Skizze zu fotografieren und sie dir zu schicken. Ich hoffe, du kannst sie verwenden und sie ist eine Bereicherung für dein Projekt.

Ich weiß nicht, ob sie genug Aussagekraft besitzt ... Diese Gedanken kommen mir jetzt, da ich sie jetzt mit Abstand betrachte. Aber für mich war es damals schwer, das alles zu fassen und zu begreifen. Es ist aber kaum zu fassen, wozu der Mensch fähig ist.
Und das mit den Dunkelzellen hat mich wirklich sehr bedrückt, da es so direkt dort erlebt werden kann, da es eben wirklich dort passiert ist und es keine Nachbildung fürs Museum ist.
Die Skizze entstand, weil mich das so tief berührt hat, dass man an den Innenseiten der Holztüren dieser Zellen die Kratzspuren der Häftlinge sehen kann und ich dadurch ein Gefühl für die Pein und die Verzweiflung dieser Menschen entwickelt habe. Das Bild hat sich mir eingebrannt und ich musste es aus meinen Erinnerungen später auf unserem Zimmer auf Papier bringen.

Ich wünsch Dir alles Gute und hoffe, dass wir uns mal wieder sehen!

Alles Liebe
Heiko

Monika Memmel, Jugendhilfe (Eva)

Auschwitz 2011: Eine Reise in die Vergangenheit?

Vor einem Jahr in Auschwitz war es so bitter kalt und grau wie heute. Ganz bewusst hatte ich den Kontakt zu einem Stück kollektiver – und damit auch meiner – Vergangenheit gesucht. Kontakt wollte ich bekommen zu dem Teil Geschichte, von dem mir Familienmitglieder aus unterschiedlichen Blickwinkeln berichtet hatten. Berichte, merkwürdig emotionslos, als ob es um Sachverhalte gehe: dass der Großvater in der SS war, dass die psychisch kranke Urgroßmutter vergast und die Tante mit Epilepsie den halben Krieg versteckt worden war. Was haben diese Widersprüche mit meinem Vater gemacht? „Spurensuche", um die eigene Wirklichkeit besser einordnen zu können.

Erinnerung an Atmosphäre gedämpft von Kälte, Nebel, Brutalität, aus der der Blick vom Turm am Tor in Birkenau herausragt, den Bericht einer Mutter im Gespräch mit ihrer kleinen Tochter im Ohr. Die Mutter, die versucht, ihr kleines Kind zu beruhigen, das verängstigt auf das Geschehen am Bahnsteig in Birkenau reagiert. Trösten wollen, wo das Grauen herrscht. Unmöglich, machtlos, hilflos, gefühllos …

Und doch immer wieder Berichte von Einzelnen, die sich nicht entmutigen ließen, die in ihrem begrenzten Spielraum aufbegehrten. Zeitzeugen, die das Unvorstellbare überlebten, biografische Berichte von Menschen, die gegen das Unrecht kämpften. Die Geschichte vom Schweden Raoul Wallenberg beispielsweise, der rund 10 000 Juden durch schwedische Schutzpässe rettete und Hunderte aus Eisenbahnwaggons und Todesmarschkolonnen zog. Und der schließlich 1947 von den Russen im Moskauer Lubjanka-Gefängnis mit der Giftspritze hingerichtet wurde. Einzelne, die angesichts der Übermacht des „Bösen" nicht resignierten.

Was mitnehmen in meinen Alltag?

Den Wunsch und Willen, von den Vorbildern zu lernen. Den Vorsatz, dazu beizutragen, dass in unserer Generation, in unserer Wirklichkeit Mut, Unrechtsbewusstsein und Engagement für andere entwickelt werden. Menschen bestärken, im Hier und Heute den Mund für andere aufzumachen und damit dem einen oder anderen kleinen Mädchen ein vergleichbares Schicksal wie das von Birkenau ersparen zu helfen. Die Gruppe, ohne die die Eindrücke erdrückend wären, sichert, dass die Emotionen Platz haben. Achtsamkeit, Nähe mit Menschen, die vorher fast Fremde waren. Beruhigender Gegensatz zu einem Teil gemeinsamer Vergangenheit und Hoffnung auf Zukunft in Verantwortung für andere.

Fellbach, im Oktober 2012

Richard Finkbeiner, Jugendhilfe (Eva)

Auschwitz. Ich war dort.

Meine innere Auseinandersetzung mit dem sogenannten „Dritten Reich", dem Zweiten Weltkrieg und dem Antisemitismus hat schon in meiner Jugendzeit begonnen. Die Auseinandersetzung nach außen gipfelte über Jahre hinweg immer wieder in heftigsten Diskussionen und Streitereien mit meinen Eltern, die – auf dem Land lebend – von der massenhaften Judenvernichtung nichts gewusst haben wollen.

Meine Auseinandersetzung wurde an- und weitergetrieben durch Berichterstattungen, Filmszenen und Dokumentationsstreifen, die ab Mitte/Ende der Sechzigerjahre immer öfter und zunehmend inhaltlich vertiefend im Fernsehen ausgestrahlt wurden.

Als nicht gerade reisewütiger Mensch habe ich erst recht spät Gelegenheiten beim Schopfe gepackt, um Verbrechensstätten aufzusuchen. So bin ich – annähernd 50 Jahre alt – erst Ende des letzten Jahrtausends mit Austauschschülern unserer Tochter zum ersten Mal ins KZ Dachau und wenige Zeit später über eine private Ostdeutschlandreise nach Buchenwald gelangt – jeweils relativ kurze Stippvisiten, die verstärkend betroffen machten.

Von Arbeitskollegen hatte ich schon Jahre davor immer wieder über ihre Reisen nach Auschwitz und die dort gewonnenen Eindrücke erfahren.

Auschwitz hautnah spüren und erleben, darauf war ich sehr gespannt. Ich hätte die sicher lange und auch anstrengende Hinreise mit einem Zug, wie auch Catherine, die Mitorganisatorin, bevorzugt. Wir haben dann doch den Luftweg genommen. Ich fliege übrigens schon auch gerne.

So landeten wir recht schnell in einer ganz anderen Welt.

Aufgrund von Medienberichten und vielerlei Bildern war mir das Stammlager I gar nicht so fremd. Trotzdem, ich stand nun auf geschichtsträchtig sehr belastetem und für Deutsche belastendem Boden. Ein Boden, der Tausende Füße in den Tod tragen musste.

Der Boden musste zusehen, wie die Schuhe an den Füßen immer mehr verschlissen, kaputt gingen, Löcher bekamen, zerfetzt waren, schließlich die Füße von Lumpen umwickelt oder gar nackt, zerschunden, blutend dastanden.

Ja, vielleicht die meiste Zeit dastanden. Bei den unzähligen (wer weiß wirklich, wie viele Tausend es waren) Zählappellen. Die Füße, nebeneinander, zu Tausenden. Ruhig darauf zu stehen, sich ruhig zu halten. Woher nahmen diese täglich geschundenen, entkräfteten, geschlagenen, nur gedemütigten Menschen eigentlich die Kraft? Stundenlanges Stehen, morgens, abends und immer wieder in der Nacht – ohne gut schützende Kleidung in Sonne und Hitze, ohne zu trinken, in vom Wind bewegter frischer Luft, im Nieselregen, im strömenden Regen, Gewitterstürmen, auch bei Nacht und Nebel, fröstelnd und frierend, bei bitteren Minusgraden und Schneefall.

Alleine diese Vorstellung, das stundenlange freie bewegungslose Stehen bei widrigsten Wetterverhältnissen, macht schwach, krank, zermürbt, zerstört.

Wenn unsereiner einmal eine längere Zeit aufgrund mangelnder Sitzgelegenheit bei einem Vortrag oder einer Kundgebung frei stehen muss, wie schnell suchen wir uns eine „Anlehne". Und frei bewegen dürfen wir uns dann immer noch. Auf alle Fälle ist es zunehmend anstrengend, länger frei zu stehen, und kann zur Qual werden; ich leide keinen Hunger und bin ausreichend gekleidet. Für den Regen hätte ich ja einen Regenschirm und normalerweise kann ich auch noch die zu erwartende Zeitdauer abschätzen. Ich könnte ja dann schließlich auch weggehen.

Diese auf dem Appellplatz konnten das nicht. Sie mussten frierend, müde, erschöpft um ihr Leben kämpfend ausharren, nicht wissend, wie lange heute noch, oder heute auch noch einmal.

Dieses ständige Ausgeliefertsein. Im wahrsten Sinne im „Zahnradgetriebe" der Todesmaschinerie.

Unzählige Stunden am Tag auf den Füßen. Im Laufschritt auf dem Weg zum Arbeitskommando-Einsatz, frühmorgens hin, spätabends zurück, während des täglichen körperlich schweren Arbeitseinsatzes, ohne erleichternde technische Hilfsmittel, oft auch im Laufschritt, angetrieben durch unberechenbare, Kommandos schreiende, schlagende und auch schießende Aufseher und Wachsoldaten.

Und das schon, seit sie in den Städten und Dörfern im „Großdeutschen Reich" oder sonstigen von Hitlers Truppen besetzten Gebieten in Europa aus den Häusern gezerrt, in Kolonnen zu den Sammelplätzen und Bahnhöfen getrieben wurden. Dort schon lange stehend, unwissend, wartend, mit dem Allernötigsten, das ihnen dann doch nicht gelassen wurde, in die zur Verfrachtung bereitstehenden Güter- und Viehwaggons gehievt und für die unendlich langen Transporte wieder meist zum Stehen verurteilt.

Diese urmenschliche schöne, elegante, lebensnotwendige, aufrechte Haltungs- und Bewegungsart – Stehen, Gehen, Laufen – von jetzt auf nachher bei Menschen wie Du und ich, die bis zum Moment des Abmarschkommandos ein recht normales bürgerliches Leben führten, nun nur noch fremdbestimmt, bewacht und gehetzt, das Stehen und Laufen jetzt eingesetzt als andauerndes Folterinstrument.

Und für die Todgeweihten nie wieder ein entspanntes, räkelndes, sich in Geborgenheit wiegendes, genüsslich wohltuendes Ausstrecken und erholsamen Schlaf.

Wie bei den Transporten zusammengepfercht, stehend, vielleicht mal hockend und kauernd, vielleicht übereinanderliegend verknäult, so auch auf den Lagerpritschen, hart, kalt, frierend, überfüllt, eng aneinandergepresst liegend, immer in der Masse, nicht mehr zur inneren Ruhe kommend, entwürdigt, entmenschlicht bis zum vorprogrammierten Tod, den der Mensch bestimmt, der gerade die Macht hat.

Aber beide, der Ohnmächtige und der Mächtige, sie atmen die gleiche Luft, erleben dasselbe Wetter, dieselbe Jahreszeit, das Zwitschern der Vögel, das Sprießen der Blüten, das Fallen des Laubes, sehen dieselbe Sonne und denselben Mond, spüren denselben Regen.

Außerhalb des vergitterten Zugfensterchens, des Stacheldrahtzauns wäre die Welt etwas freier.

Nur eine Handbreite weit, ein paar Schritte entfernt.

Geografisch so nah, doch für das Leben der Häftlinge so unerreichbar weit weg.

Lasst uns der Gewalt und dem Machtmissbrauch des Menschen über den Menschen entgegentreten und dafür sorgen, dass Achtung und Akzeptanz unter uns wächst.

Sabine Henniger, Jugendhilfe (Eva)

Der Museumsmensch im Menschenmuseum

Ankommen:
Parkplatz
Menschen
Fahnen

Erster Schritt:
Museums-Shop
Toiletten
Wechselstube

Zweiter Schritt:
Gruppeneintritt
Headset
Guide

Durch das Tor:
Baracken
Tafeln
Worte

Den Blick gesenkt – Herbstlaub

Weitergehen:
Stacheldraht
Rose
Galgen
Blumen
Erschießungswand
Kerzen

Den Blick zur Gruppe – Wortleer

In die Baracken:
Schaufenster mit
Brillen
Schuhen
Haaren

Den Blick aus dem Fenster – Tränen

An Wänden entlang:
Frauenbilder
Männerbilder
Im Profil
Frontal

Den Blick ins Antlitz – Menschenbild

Kein Foto mehr!
Die Headset-Stimme vom Kopf reißen!
Alleine, endlich!

Den Blick in mich hinein – die Antwort verloren, was der Mensch ist

Schritte hinaus:
Headset abgeben
Drehtüre
Kantine

Den Blick zum Himmel – Unbehagen vor dem Museumsmenschen

Irmtraud Müller, früher Mobile Jugendarbeit,
heute Jugendamt Stuttgart

Eindrücke aus einer lange zurückliegenden, mich prägenden Reise mit jungen Menschen, die ich für einige Jahre beruflich in ihrer Entwicklung begleiten, unterstützen und fordern durfte.
Eine beeindruckende Freizeit 1985 in Auschwitz, die mir deutlich macht, dass es wichtig ist, jungen Menschen zu ermöglichen, sich mit der Geschichte und den Ereignissen an den historischen Orten selbst auseinander setzen zu können.
Gemeinsam mit zwei Kollegen und elf männlichen und weiblichen etwa 16-jährigen Jugendlichen erlebte ich eindrückliche Tage in Auschwitz. Die Gesinnungsspanne der Jugendlichen bewegte sich zwischen Ignoranz und Entsetzen gegenüber den geschichtlichen Ereignissen, den Folterungen und Massenmorden in Auschwitz. Immer wieder waren unsere Gespräche geprägt von starken Auseinandersetzungen über Fakten, Zahlen, Daten und den darunter liegenden Emotionen voller Ablehnung oder tiefem Mitgefühl für die Lebenssituationen und Schicksale der in Auschwitz inhaftierten und gestorbenen Menschen. Teilweise begegneten die Jugendlichen einander schweigend, mit den Tagen zunehmend bedrückt auf dem Auschwitzgelände und auch in unserer Unterkunft. In langen nächtlichen Gesprächen haben wir das Gesehene, Gefühlte in Gesprächen miteinander geteilt, versucht, das Unfassbare zu verstehen, und ein unsichtbares Band des Verständnisses auch füreinander entwickelt bzw. vertieft.

Zwei Erlebnisse wirken noch bis heute nach:
Das erste war eine Begegnung abends in einem Lokal, in dem wir nach 21 Uhr keine alkoholischen Getränke mehr bestellen konnten. Am Nachbarstisch saßen mehrere junge Menschen im Alter unserer Jugendlichen vor einem Tisch, beladen mit unzähligen Gläsern voller Wein und Bier. Diese luden uns zu ihren Getränken ein, es entwickelten sich Gespräche auf Englisch und auch in deutscher Sprache. Bei einer anschließenden Einladung in das Haus einer dieser jungen Frauen wurden wir nach kurzem Aufenthalt von ihrem Vater als „Deutsche" wahrgenommen und sofort des Hauses verwiesen. Alle waren entsetzt ob der heftigen Reaktion dieses Mannes. Sie stand ganz im Kontrast zur entstandenen Nähe zwischen den jungen Menschen aus

Deutschland und Polen. Was muss dieser Mann in der Zeit von 1939 bis 1945 erlebt haben und was hat ihn bis heute geprägt, dass er noch immer keine Verbindungen zwischen sich und seiner Tochter mit deutschen Jugendlichen zulassen kann und will? Viele Fragen, Hypothesen und Antworten wurden im Anschluss noch bis tief in die Nacht diskutiert.

Beim zweiten Erlebnis waren wir bereits auf der Heimfahrt zurück nach Deutschland. Eine Jugendliche hatte sich im ehemaligen Konzentrationslager ein Buch gekauft mit Berichten und Briefen von Menschen, die aus dem Leben des Konzentrationslagers erzählten. Laut las sie uns während der Autofahrt zurück nach Deutschland immer wieder einige Passagen vor, schockiert und ergriffen fasste sie die Inhalte nochmals persönlich zusammen, Wut und Entsetzen lagen in ihrer Stimme. Bis dahin hatte sie privat kein Buch zu Ende gelesen, dieses Buch war das erste. Bei allen Mitfahrenden war während der Lesung und auch im Anschluss eine wachsame und gegenseitig achtsame Stimmung wahrzunehmen. Alle lauschten der Stimme der Jugendlichen, unterstützten die vorgelesenen Texte teilweise mit Stöhnen sowie mitfühlenden Kommentaren.

Ein Resümee dieser Reise: In der Gruppe war deutlich zu spüren, wie ein solch geschichtsträchtiger, von Schrecken und grausamen Ereignissen geprägter Ort durch persönliche Eindrücke prägnant in Erinnerung bleibt und dadurch die eigene Haltung Fremden und Unbekanntem gegenüber sensibilisiert und damit zu einer Auseinandersetzung beiträgt.

Herzliche Grüße
Irmtraud

Sonja R., Teilnehmerin an einer Auschwitzfahrt der Mobilen Jugendarbeit 1985

Ich bin jetzt 44 Jahre alt und es ist fast 30 Jahre her. Eine lange Zeit, um sich so manche Dinge in Erinnerung zu holen. Als Teenager in Deutschland lebt man sehr unbeschwert in den Tag hinein, was jedoch jeder in diesem Alter bestreiten würde. Wenn man dann aber die Möglichkeit hat, in die Vergangenheit unserer deutschen Geschichte zu reisen, ist selbst einem Teenager im Nachhinein anders zumute.

Ich kann mich noch gut erinnern, mit welcher Freude wir in diesem Bus Richtung „Irgendwo" fuhren, denn bis dahin war noch keinem klar, was das genau für ein Ausflug werden würde. In Kraków hatten wir (glaube ich) unsere Unterkunft, die mir noch als sehr bescheiden in Erinnerung ist. Wir sind abends in eine Art Wirtschaft gegangen, die allerdings schon sehr früh geschlossen hat. Es waren auch noch einheimische Gäste da. Ein Pärchen bat uns, mit ihnen mit nach Hause zu kommen, um da noch etwas zu trinken. Sie haben uns sehr freundlich aufgenommen. Sie waren sehr interessiert an uns und wir an ihnen. Dies war jedoch beendet, als die Eltern heimkamen und uns der Vater sofort rausgeworfen hat, weil wir „Deutsche" sind. An diesem Abend konnte ich das noch nicht so ganz verstehen. Aber am nächsten Tag haben wir uns dann Auschwitz angeschaut.

Ich war platt. Sicher lernt man in der Schule die deutsche Geschichte und es werden auch KZs angesprochen, aber die Eindrücke bleiben ein Leben lang, wenn man selbst durch diese grausamen Lager läuft. Ich kann mich auch noch an den älteren Mann erinnern, der uns durch das KZ geführt hat und alles erklärt hat. Er war selbst da gewesen und hat es miterlebt. Er wollte seine Erfahrungen weitergeben. Es war unfassbar. So viel Grausamkeit und Schikanen. Man hatte das Gefühl, man riecht den Tod um sich herum. Der makabre Spruch am Eingang, auf dem zu lesen ist: „Arbeit macht frei" ... Wie können Menschen nur so grausam gewesen sein. Es ist auch unfassbar, dass es heute noch Menschen gibt, die dies abstreiten, oder andere, die den Nationalsozialismus als gut empfinden. Für mich war es sehr lehrreich. Ich habe mir noch ein Buch über Auschwitz gekauft und auf der Heimfahrt gelesen. In diesem Buch war der Tagesablauf beschrieben, der mit dem Morgenappell losging. Es hat sich, nachdem ich gerade erst auf diesem Platz gestanden hatte, noch schlimmer angefühlt beim Lesen.

Im Nachhinein konnte ich den ersten älteren Mann verstehen, der uns rausgeworfen hat. Der Schmerz in dieser Generation saß noch sehr tief. Der andere ältere Mann hat versucht, die Vergangenheit zu bewältigen, indem er weitergegeben hat, was er erlebt hat. Jeder geht mit seinem Schmerz anders um.

Auschwitz sollte jeder einmal angeschaut haben, um sich ein Bild dieser Zeit machen zu können. Mir hat es als Teenager schon die Augen geöffnet, und ich bin dankbar, dass ich in einer heilen Welt aufwachsen durfte.

Klausjürgen Mauch, Jugendhilfe (Eva)

Zwei Reisen nach Auschwitz

In meiner Kindheit drehte sich sehr viel um den Krieg – die Kriegsverletzung meines Vaters, der nur mit einem Arm aus dem Zweiten Weltkrieg zurückgekommen war, sowie die Schwerbehinderung meines Bruders waren die bestimmenden familiären Themen zu dieser Zeit. Einige Jahre lang war es ein Ritual, das ich vehement einforderte, dass mir mein Vater noch eine Gutenachtgeschichte aus dem Krieg erzählen musste. Grausamkeiten kamen darin nie vor, diese sparte mein Vater bewusst aus. Polenfeldzug, Russlandfeldzug und die 6. Armee vor Stalingrad – dort wurde mein Vater verwundet – waren gängige Stichworte. Auschwitz kam nie vor.

Erste Reise nach Auschwitz im Jahr 1996

Am zweiten Tag hatten wir die Gelegenheit, das Archiv im KL Auschwitz zu besichtigen. Nachdem wir viele Dokumente und Zeichnungen angeschaut hatten, bekamen wir das Angebot von der Mitarbeiterin im Archiv, auch jemanden namentlich suchen lassen zu können; sowohl Täter- als auch Opfernamen konnten aufgeschrieben werden und wurden dann direkt anschließend im Archiv gesucht. Ich ergriff einen Stift, schrieb mit zittriger Hand ‚Richard Mauch‘, den Namen meines Vaters, auf ein Stück Papier und gab es ab. Die folgenden Minuten war ich gefangen von einem einzigen Gedanken: Was, wenn alle Geschichten nur Lügen waren, was, wenn mein Vater im Krieg etwas ganz anderes gemacht hat ...

Nach unendlich langen Minuten des Wartens kam die Dame zurück, und ich versuchte schon in ihrem Gesicht zu lesen, ob sie etwas gefunden hatte ...

Zweite Reise nach Auschwitz im Jahr 2011

Am vierten Tag erhielten wir das Angebot, mit Schwester Mary in Birkenau eine Kreuzwegmeditation zu lesen und zu beten. An der zehnten Station lese ich aus Psalm 22: ‚Jesus wird seiner Kleider beraubt‘ und aus den Lagererinnerungen von Philomena Franz:

„Wir stehen an der Rampe ... Plötzlich ein fürchterliches Geschrei ... Entkleiden, schreit es ... Alle entkleiden sich langsam ... Es ist bitterkalt ... Abschätzige, neugierige, auch fachmännische Blicke treffen meinen Körper ... Ich habe Haare, die bis zu meinen Knien fallen ... Da ruft schon einer: Die nicht, die Haare bleiben ... Ich schreie verzweifelt: Nein, in den Puff gehe ich nicht ... Da packt mich schon die Aufseherin, ... reißt mir meinen Kopf nach hinten und schneidet mir brutal und ruckartig die Haare ab ..."

In diesem Moment sehe ich ganz deutlich meine 9-jährige Tochter Lea vor mir mit ihren geliebten langen rotblonden Haaren, und meine Stimme versagt mir ...

Kapitel 8: Kreuzwegmeditation Birkenau

„Mein Gott, mein Gott, warum hast du mich verlassen?"

Einführung

Glauben in Auschwitz ist immer auch ein Ringen um den Glauben. Unser Glaube an Gott wird hier zur Suche nach Gott, die ununterbrochen auf die Frage stößt: „Mein Gott, mein Gott, warum hast du mich verlassen?" Anders ist in Auschwitz Beten gar nicht möglich. Diese Kreuzwegmeditation wollen wir als solch ein Ringen um Gott – und um den Menschen – begreifen. Dabei begegnen uns auch große Glaubenszeugnisse. Aber leere Phrasen werden hier zur Beleidigung der Opfer.

Wenn wir in Auschwitz-Birkenau den Kreuzweg gehen, gehen wir geistig einen doppelten Weg: Wir gehen mit den Menschen, die hier litten und starben und die auf diesem Weg oft auch ihren Glauben verloren haben. Und wir gehen den Weg des Leidens und Sterbens Jesu Christi mit, glaubend, dass Christus den Weg der Menschen hier mitgegangen ist. Er führt uns den Weg zu den Opfern, in die Solidarität mit ihnen, denn alleine würden wir wahrscheinlich davonlaufen.

(Die folgenden Kreuzwegstationen sind jeweils folgendermaßen aufgebaut: Auf ein Bibelzitat folgt eine Erinnerung an die Lagerwirklichkeit, dann einige Gedanken dazu und ein Gebet. Die Worte „Bibelstelle", „Lagererinnerungen", „Meditation" und „Gebet" werden in der Regel nicht mit vorgelesen.)

1. STATION

Jesus wird zum Tod verurteilt

Bibelstelle:
In Galiläa sagte Jesus zu seinen Jüngern: „Der Menschensohn wird den Menschen ausgeliefert werden und sie werden ihn töten; aber am dritten Tag wird er auferstehen." Da wurden sie sehr traurig. (Mt 17,22f.)

Lagererinnerungen:
Das Konzentrationslager Auschwitz wurde im Juni 1940 gegründet, anfangs für polnische, dann auch für russische Kriegsgefangene. Ab 1942 wurde dieses Lager zum Ort der fabrikmäßigen Menschenmassenvernichtung, vor allem der Juden. Ungefähr 1 Million Juden, 75 000 Polen, 21 000 „Zigeuner", 15 000 russische Kriegsgefangene und andere wurden hier ermordet.
Wer in Auschwitz ankam, wusste in der Regel nicht, was ihn erwartete. Vielfach bezeugt sind die Begrüßungsworte des Lagerführers Fritsch: „Das hier ist ein Konzentrationslager. ... Es gibt hier keinen anderen Ausgang als durch den Schornstein des Krematoriums!"

Meditation:
Beten wir für alle, die zum Tode verurteilt sind, die ausgestoßen werden aus der Gesellschaft, die niemand mehr haben will, die ganz einfach „weg" sollen. Beten wir für alle, die damit leben müssen, dass ihnen alle Träume ihres Lebens zerstört werden, weil die politische Situation oder die gesellschaftlichen Umstände sie ihrer Lebensmöglichkeiten berauben, wie in den heutigen Kriegsgebieten, wie in den Hungergebieten der Welt.

Gebet:
Herr Jesus Christus, Du hast gesagt: „Was ihr den geringsten meiner Brüder und Schwestern getan habt, das habt ihr mir getan. Was ihr ihnen nicht getan habt, das habt ihr mir nicht getan." Hilf uns, diesen Satz immer tiefer zu begreifen.

2. STATION

Jesus nimmt das Kreuz auf seine Schultern

Bibelstelle:
Sie übernahmen Jesus. Er trug sein Kreuz und ging hinaus zur soge-
nannten Schädelstätte, die auf Hebräisch Golgatha heißt.
(Joh 19,16–17)

Lagererinnerungen:
Tadeusz Borowski war als Häftling in einem Kommando, das beim
Ankommen der Transporte auf der Rampe Gepäck zu sortieren hatte.
Er schildert:
„Auf der Rampe wird es immer lebendiger. Vorarbeiter teilen die Leu-
te ein. … Mit lautem Gebrumm fahren Motorräder vor, immer mehr
SS-Unteroffiziere springen ab. … Zuerst begrüßen sie sich mit der
stolzen römischen Geste der erhobenen Rechten, aber gleich danach
schütteln sie sich herzlich die Hände, lächeln sich an, erzählen sich
die letzten Neuigkeiten, berichten von zu Hause …
„Der Transport kommt!", sagte jemand, und alle Hälse reckten sich.
Aus der Kurve krochen Güterwagen heran, der Zug fuhr rückwärts
ein. …
Hinter den kleinen, vergitterten Fenstern sahen wir Gesichter, blass,
zerknittert und übernächtigt sahen sie aus, die zerzausten, erschro-
ckenen Frauen, die Männer … Plötzlich fing es an, drinnen in den
Waggons zu kochen. Hohle Schläge trommelten gegen die Wände.
„Wasser! Luft!" Verzweifelte Rufe, Geschrei, das Hämmern der Fäus-
te. … „Also los! An die Arbeit!" Die Riegel knarrten, die Waggons
wurden geöffnet. Eine Welle frischer Luft drang hinein, schlug den
Menschen entgegen und warf sie fast um. Sie waren unendlich er-
schlagen, beinahe zerdrückt von der schweren Last der Koffer, Päck-
chen, Pakete, Ranzen und Bündel, Rucksäcke und Taschen jeder Art,
denn sie brachten alles mit, was ihr früheres Leben bedeutete und ein
neues Leben bedeuten sollte …"[6]

Meditation:
Wir wollen unseren Blick zu denen wenden, die das Kreuz auferlegt haben, den Tätern. Mit das Erschütterndste an Auschwitz ist, zu begreifen, wie „normal" sie oft waren. Zwar hatte jeder seine unwiederholbare Geschichte erlebt und seine ganz eigenen Entscheidungen gefällt. Aber die wenigstens waren völlig abnorm. Viel von ihnen steckt auch in uns.

Gebet:
Beten wir für die Täter, für die von damals und für die von heute, für alle, die andere Menschen mit dem Kreuz ihres Egoismus, ihrer Hartherzigkeit und Ungerechtigkeit beladen. Beten wir für uns selbst. Wie schnell sind wir dabei, Menschen, die wir für schwierig halten, einfach weghaben zu wollen aus unserer Welt; wie schnell ist für uns jemand „gestorben". Wie gleichgültig sind wir den Opfern der Welt gegenüber. Schenke uns, Herr, die Gnade der Umkehr. Herr, erbarme Dich!

3. STATION

Jesus fällt zum ersten Mal unter dem Kreuz

Bibelstelle:
Ich bin gekrümmt und tief gebeugt, den ganzen Tag geh ich traurig einher.
Mein Herz pocht heftig, mich hat die Kraft verlassen,
Geschwunden ist mir das Licht der Augen.
Freunde und Gefährten bleiben mir fern in meinem Unglück,
und meine Nächsten meiden mich.
(Ps 38,7.11–12)

Lagererinnerungen:
Aus den Erinnerungen von Tadeusz Borowski:
Todmüde von der Arbeit und den grauenhaften Erlebnissen an der Rampe, sagt er zu seinem Freund: „Du Henri, ob wir gute Menschen sind?" – „Warum fragst du so dumm?" – „Siehst Du, Freund, in mir kocht eine vollkommen unverständliche Wut auf diese Menschen, weil ich ihretwegen da sein muss. Es tut mir gar nicht leid, dass sie vergast werden. Möge die Erde sich öffnen und sie alle verschlingen! Ich könnte auf sie losgehen, auf alle! Wahrscheinlich ist das pathologisch, ich verstehe es nicht." – „Nein, ganz im Gegenteil! Das ist normal, vorgesehen und im Voraus einkalkuliert."[7]

Meditation:
Jesus fällt unter dem Kreuz. In Auschwitz sind viele unter dem Kreuz gefallen, das ihnen hier zugemutet wurde. Das Schlimmste war nicht einmal das physische Leid, sondern das menschliche Scheitern. Oft war die Rivalität unter den Häftlingen ein Kampf ums Überleben, so groß, dass es sehr schwer war, solidarisch zu bleiben. Eine Überlebende[8] hat gesagt: „Um bei dem Hunger ein Stück Brot zu teilen, musste man ein Heiliger sein." Das war schwerer, als in die Gaskammer zu gehen. Aber solche Menschen gab es.

Gebet:
Wir beten für alle, die unter den Erfahrungen dieser Hölle auch moralisch zusammengebrochen sind, die begonnen haben, auf Kosten der anderen nur noch sich selbst zu sehen, die nicht genug Kraft und Glauben hatten, um menschlich zu bleiben. Vergib ihnen, Herr, und vergib auch uns, wenn wir versagen und das Vertrauen in Dich verlieren.

4. STATION

Jesus begegnet seiner Mutter

Bibelstelle:
Ihr alle, die ihr des Weges zieht, schaut doch, ob ein Schmerz ist wie mein Schmerz, den man mir angetan, mit dem der Herr mich geschlagen hat am Tag seines glühenden Zornes. Wie soll ich Dir zureden, was Dir gleichsetzen, Du Tochter Jerusalem? Womit kann ich Dich vergleichen, wie Dich trösten, Jungfrau, Tochter Zion?
(Klgl 1,12; 2,13)

Lagererinnerungen:
Links vom Haupttor in Auschwitz II erstreckte sich ab 1942 das Lager für die Frauen verschiedener Nationalitäten. Bis Mai 1943 wurden alle im Lager geborenen Kinder auf grausame Weise ermordet: Man ertränkte sie meistens in einem Fass.

Meditation:
Eine Polin, Elzbieta Piotrowska, hat ihr Gedicht „Das Verhör" überschrieben:[9]

Wer hat Euch Kinder ermordet?
Menschen!
Was für Menschen waren das?

Haben sie Gesichter von Gespenstern gehabt?

Haben sie tierische Augen gehabt?
Das waren gewöhnliche Menschen, Menschen wie andere,

mit menschlichen Augen und Zähnen.
Vielleicht hat sie ein Vulkan geboren?

Vielleicht haben sie keine Mütter gehabt?
Menschliche Mütter haben diese Menschen geboren.
Haben sie keine Kinder gehabt?
Doch, sie haben. Sie haben an sie Briefe geschrieben.
Sie haben an sie kleine Schuhe in Paketen geschickt.

Wie haben die Menschen Euch getötet?
Sie haben mit Gas erstickt, ins Feuer gesteckt,

an der Mauer zerschlagen, mit dem Schuh zertreten;
und wenn sie gut waren, erschossen sie.
Sie haben sich mit weißen Tüchern den Schweiß von der Stirn
gewischt und gesagt: „Haben wir heute viel gearbeitet! Die Arbeit
war anstrengend.
So viele kleine Kinder!"

Gebet:
Herr, wir beten für die Kinder auf der ganzen Welt, für die ungeborenen und die geborenen, die Kriegswaisen, für die Kinder, die durch traumatische Erlebnisse für ihr ganzes Leben gezeichnet sind. Sei ihnen nahe, lass sie nicht im Stich. Hilf uns, eine kindergerechte Welt zu bauen. Und die ermordeten Kinder nimm an Dein Herz!

5. STATION

Simon von Cyrene hilft Jesus das Kreuz tragen

Bibelstelle:
Einer trage des anderen Last. So werdet ihr das Gesetz Christi erfüllen. (Gal 6,2)

Lagererinnerungen:
Hinter dem Frauenabschnitt in Birkenau befand sich das Gebäude für Gaskammer und Krematorium Nr. II. Heute sind nur noch Ruinen erhalten, da die SS vor dem Verlassen des Lagers das Objekt in die Luft gesprengt hat. Bis zu 2000 Menschen wurden in die Gaskammern gepresst und mit Zyklon-B erstickt. Die Toten standen aufrecht aneinandergepresst in den Kammern. Sie drückten sich, im Tode verkrampft, noch die Hände, sodass die Arbeitskommandos Mühe hatten, sie auseinanderzureißen.

Meditation:
Die große Mehrzahl der hier vergasten Menschen waren Juden. An dieser Stelle wollen wir besonders an das jüdische Volk denken. Es ehren. Wir wollen uns zu unserer Schuldgeschichte bekennen. Die meisten Christen in Deutschland haben im Hinblick auf die Juden nicht einer des anderen Last getragen, viele haben schwere Schuld auf sich geladen. Die meisten Christen haben nicht einmal gemerkt, dass jedes Kruzifix, jede Marienfigur den Judenstern hätte tragen müssen. Nach der damaligen Rassenideologie hätten Jesus, Maria und alle Apostel vergast werden müssen.

Ein polnisches Gedicht:

Jesus war auch
ein verachteter „Jud"
ein Chassid aus Galilea oder aus Galizien.
Die, die regiert
im Kloster von Tschenstochau
war auch „eine Jüdische"
ihr ganzes arbeitsames Leben lang.
Wären nicht beide ins Gas gegangen
mit ihrem Volk
in jenen schrecklichen Zeiten?
(Stanislawa Grabska[10])

Gebet:
Herr, im Tod werden wir alle gleich. Lass uns tiefer begreifen, dass wir auch im Leben Schwestern und Brüder sind, dass wir alle Grenzen, die Weltanschauungen, Religionen und Konfessionen, Nationalitäten und politische Anschauungen zwischen uns aufbauen, überwinden müssen und berufen sind, einer des anderen Last zu tragen.

6. STATION

Veronika reicht Jesus das Schweißtuch

Bibelstelle:
Lege mich wie ein Siegel auf Dein Herz, wie ein Siegel an Deinen Arm! Stark wie der Tod ist die Liebe ... (Hld 8,6)

Lagererinnerungen:
An dem Mahnmal, das am Ende der Rampe 1967 errichtet wurde, befinden sich Gedenktafeln, die mit den Sprachen beschriftet sind, die von den Opfern in Auschwitz gesprochen wurden: englisch, weißrussisch, tschechisch, deutsch, französisch, griechisch, hebräisch, kroatisch, italienisch, jiddisch, ungarisch, niederländisch, norwegisch, polnisch, russisch, romanes, rumänisch, slowakisch, slowenisch, serbisch, judeo-spanisch (ladino).

Frau Zofia Pohorecka war als zwanzigjährige junge Frau im Frauenlager in Birkenau eingesperrt. Sie lebte später in Oświęcim und traf sich immer wieder mit Gruppen deutscher Jugendlicher. Sie hat oft erzählt, dass sie nur deshalb überlebte, weil Freundinnen sich unter Lebensgefahr um sie gekümmert hatten, als sie schwer krank gewesen war. Sie bezeugte auch, wie sehr Freundschaft und Liebe, wie sehr Zärtlichkeit stark machen kann.

Meditation:
Im polnischen Kreuzwegtext heißt es: In dieser schrecklichen Umgebung von Leiden, Elend und menschlicher Erniedrigung gab es auch Gesten von Güte, die in jener Umgebung zu heroischen Taten wurden. Lasst uns von ihnen lernen, uns mit dem Bösen, mit der Sünde nicht abzufinden. Es gibt keine Umgebung, die grundsätzlich von dem Auftrag befreien würde, das Böse zu vermindern, der Kränkung zu widerstehen und Leidenden zu helfen.

Gebet:
Heiliger Gott, Veronika hat Jesus in seinem Schmerz ihre Zuwendung geschenkt. Hilf uns, auch in gewalttätiger Umgebung die Fähigkeit zu einfühlsamer Liebe nicht zu verlieren.

7. STATION

Jesus fällt zum zweiten Mal unter dem Kreuz

Bibelstelle:
Das alles ist über uns gekommen,
und doch haben wir Dich nicht vergessen,
uns von Deinem Bund nicht treulos abgewandt.
Unser Herz ist nicht von Dir gewichen,
noch hat unser Schritt Deinen Pfad verlassen.
Nein, um Deinetwillen werden wir getötet Tag für Tag,
behandelt wie Schafe, die man zum Schlachten bestimmt hat.
Wach auf! Warum schläfst du, Herr?
Erwache, verstoß uns nicht für immer!
Warum verbirgst Du Dein Gesicht,
vergisst unsere Not und Bedrängnis?
Unsere Seele ist in den Staub hinab gebeugt,
unsere Seele liegt am Boden.
Steh auf und hilf uns!
In Deiner Huld erlöse uns!
(Ps 44,18–27)

Lagererinnerungen:
Auch hier, in Gaskammer und Krematorium III, wurden bis zu 2000 Menschen auf einen Schlag mit Zyklon-B erstickt. Zahnärzte öffneten mit Haken die Münder der Leichen und brachen mit Zangen die Goldkronen aus den Kiefern.
Es sah wirklich so aus, als würde das menschliche Verbrechen seinen absoluten Triumph über Gott feiern. Wir wissen, dass für viele Menschen das „Schweigen Gottes" in jener Zeit nicht zu ertragen war. Vielleicht gilt das besonders für die Juden, für die es ein doppeltes Zerbrechen des Bundes oder ein doppeltes Ende der Welt war, der irdischen und der himmlischen. Aber dieser Ort tiefster Erniedrigung war doch auch ein Ort des unbesiegten Glaubens, des Gebetes. Aus den Gaskammern hörte man jüdische Psalmengesänge. Und auch in der Todeszelle von Maximilian Kolbe konnte man Gebete hören.

Meditation:
Es ist nicht gelungen, den Glauben an den Gott, der Liebe ist, endgültig zu vernichten. Ein halbes Jahrhundert später, im Sommer 1992, beteten hier gemeinsam amerikanische Rabbiner und polnische Bischöfe. Es erklangen die Worte des jüdischen Kaddisch-Gebetes:

Gebet:
„Gepriesen und gelobt, verherrlicht und erhoben, erhöht und gefeiert, hocherhoben und bejubelt werde der Name des HEILIGEN, gelobt sei er, obwohl er erhoben ist über allen Preis und Gesang, Lob und Lied, Huldigung und Trost, die in der Welt gesprochen werden ... und das Gedenken an die Ermordeten wird ein Segen und ein Zeichen des Friedens für alle sein."[11]

8. STATION

Jesus tröstet die weinenden Frauen

Bibelstelle:
Es folgte Jesus eine große Menschenmenge, darunter auch Frauen, die um ihn klagten und weinten. Jesus wandte sich ihnen zu und sagte: „Ihr Frauen von Jerusalem, weint nicht über mich, weint über Euch und Eure Kinder!" (Lk 23,27f.)

Lagererinnerungen:
Im Wald hinter dem Lager Auschwitz II wurden zwei Häuser von ausgesiedelten Polen zu Gaskammern umgebaut. Eines von ihnen nannte man „Weißes Häuschen" oder „Bunker II". In der Nähe befanden sich zwei Baracken, in denen sich die Menschen vor dem Eintritt in die Gaskammern ausziehen mussten. Nicht weit von den Baracken entfernt wurden die Leichen in vier großen Gruben im Freien verbrannt. Hierhin wurden im Sommer 1942 auch die holländischen Katholiken jüdischer Abstammung gebracht, unter denen sich die Karmeliterin Edith Stein, Schwester Teresia Benedicta a Cruce, und ihre Schwester befanden.

Meditation:
Jesus tröstet die weinenden Frauen. Jesus war trotz seines Leidensweges mit seiner eigenen Situation im Reinen. Deshalb war er nicht mehr mit sich selber beschäftigt, sondern ganz frei, die Not der anderen wahrzunehmen. Wir müssen an uns arbeiten, damit wir mit uns selber ins Reine kommen, damit wir von uns selbst loskommen und die Not der anderen wahrnehmen.
Auch Edith Stein, derer wir in Auschwitz gedenken, öffnet unseren Blick für die anderen. Sie, die jüdische Karmelschwester, führt uns Christen zu den Juden, in die Solidarität mit den Opfern, die hier umgebracht worden sind.

Gebet:
Liebender Gott, öffne die Augen unserer Herzen für die Lebenssituation anderer Menschen.

Besonders wollen wir Dich an dieser Station für die Frauen bitten, die bei Konflikten oft die schwerste Last zu tragen haben. Wir bitten Dich, dass ihre Würde geachtet und ihre Schönheit nicht missbraucht wird, dass die Not ihres Lebens wahrgenommen wird in allen Gesellschaften und Gemeinschaften. Lass uns lernen von Jesus.

9. STATION

Jesus fällt zum dritten Mal unter dem Kreuz

Bibelstelle:
Ich hoffte, ja ich hoffte auf den Herrn.
Da neigte er sich mir zu und hörte mein Schreien.
Er zog mich herauf aus der Grube des Grauens, aus Schlamm und Morast.
Er stellte meine Füße auf den Fels, machte fest meine Schritte.
(Ps 40,2–3)

Lagererinnerungen:
Die Einwohner eines Dorfes auf der anderen Seite der Weichsel konnten mehrmals in der Nacht, beim hellen Schein der brennenden Leichen, einen Zug nackter Gestalten, der aus den Auskleidebaracken in die Gaskammern zog, erkennen. Sie hörten die Schreie der Menschen, die den nahen Tod vor Augen hatten. Am Tage sahen die polnischen Arbeiter, die in einigen hundert Metern Entfernung von den Bauernhäusern neue Krematorien bauen mussten, wie die Häftlinge etwas aus den Türen dieser Häuser herauszogen, auf flache Rollwagen luden und damit zu den Gruben fuhren. Aus diesen Gruben stieg immer wieder schwarzer Rauch. Tausende und mehr Leichen wurden von den Arbeitskommandos in den Gruben aufeinandergeschichtet. Zwischen die Leichenschichten kamen Holzschichten, die mit Methanol in Brand gesteckt wurden.

Meditation:
Jesus ist zum dritten Mal unter dem Kreuz gefallen. Das bedeutet auf diesem Kreuzweg, dass er völlig am Ende seiner Kräfte und ganz allein ist. Er tröstet niemanden mehr, niemand hilft ihm mehr. Er kann nur noch andere mit sich machen lassen, allein darauf vertrauend, dass er von woanders her gehalten wird.
Aus dem „Kreuzweg des Maximilian Kolbe" von Theo Mechtenberg und Mieczyslaw Koscielniak, einem ehemaligen Auschwitzhäftling, stammt der folgende Text[12]:
Dem Grauen der Tage folgt kein erlösender Schlaf
Hunger zerschneidet das Gedärm

und der Schmerz hat sich festgefressen
in den Gliedern
dem Dunkel entsteigt die Qual der Gedanken
die Seelen versinken in Einsamkeit
Alpträume beherrschen die Enge der Lager
und Schulter an Schulter mit den Leidensgefährten
erkalten die Toten
in den Nächten erlischt still das Leben
und hinterlässt eine ärmliche Spur
mit dem Ende der Leiden
stirbt auch die Hoffnung
Neben dem Menschen in seinem tiefsten Fall
kniet der Erwählte und bezeugt betend
im Ende neuen Beginn
– Erhebung aus dem Dunkel ins Licht –
und heiligt den Tod

10. STATION

Jesus wird seiner Kleider beraubt

Bibelstelle:
Alle, die mich sehen, verlachen mich, verziehen die Lippen, schütteln den Kopf.
Sie verteilen unter sich meine Kleider und werfen das Los um mein Gewand. (Ps 22,8.19)

Lagererinnerungen:
Philomena Franz, eine Sinti, erinnert sich:
„Bei meiner Ankunft in Auschwitz am 21. April ... Wir stehen an der Rampe. Plötzlich ein fürchterliches Geschrei: „Ausrichten! Entkleiden!" schreit es. Alle entkleiden sich langsam. Es ist bitterkalt. Ich bekomme eine Gänsehaut. ... Abschätzige, neugierige, auch fachmännische Blicke treffen meinen Körper. Das Kleid, das ich noch vor Kurzem trug, wird durch ein grobes gestreiftes ersetzt. Meine Füße stecken in großen Holzschuhen. ... In zwei Minuten wandelt sich ein Zivilist in einen KZ-Häftling. ... Paarweise im Gleichschritt ins Frauenkonzentrationslager, in Steinbaracken. ... Zwei SS-Männer mit Ochsenziemer erwarten uns. Eine Aufseherin will mich auf einen Stuhl zerren, aber da ruft schon einer: „Die nicht, die Haare bleiben!" „Stell Du Dich mal hier an die Seite", befiehlt er, „mach Deine Haare auf." Ich habe Haare, die bis zu meinen Knien fallen. Und der sagt: „Die sieht aus wie eine Dschungelprinzessin." ... Und die deutsche Frau, die neben mir steht, sagt: „Mensch, nun hast Du es gut, Du kommst nun rüber in das Bordell, da hast Du es besser als im Lager." Da gehen mir die Augen auf. Mir ist so, als würde ich von einem Mühlstein zermalmt, als müsste ich langsam sterben. Ich schließe die Augen, muss mich an eine Wand lehnen, um nicht umzufallen, denke an meine Angehörigen, die hier gestorben sind und vergast wurden. Mein Gott, was tust Du mir hier an! Das kann ich doch nicht, das halte ich doch nicht aus. Diese Qualen. Dann merke ich, dass mein Kreislauf rotiert. Ärger und Verzweiflung kommen in mir hoch. Ich reiße mein Lagerkleid auf und schreie verzweifelt: „Nein, in den Puff gehe ich nicht, dann erschießt mich doch schon! Erschießt mich auf der Stelle!" ... Da packt mich schon die Aufseherin, zerrt mich auf

einen Stuhl, reißt mir meinen Kopf nach hinten und schneidet mir brutal und ruckartig die Haare ab. ...
(Ich werde) die Nummer 10550"[13]

Meditation:
In Auschwitz wurden Menschen zu Nummern, ohne jede Individualität. Verwertbare Arbeitskräfte, Material zum Vergnügen der SS-Leute, Rohstofflieferanten selbst noch nach dem Tod: die Haare, das Zahngold, ja sogar die Asche der Leichen wurde weiter verwertet. Für den einzelnen Häftling kam alles darauf an, sich innerlich das Bewusstsein seiner Würde zu bewahren und sie sich gegenseitig immer wieder neu zuzusagen.
Der französische Philosoph Emmanuel Lévinas hat recht, wenn er sagt, dass das Wichtigste, was wir nach Auschwitz ganz neu zu lernen haben, ist, in jedem Menschen das Antlitz mit seinem einmaligen, absoluten Anspruch wahrzunehmen.

Gebet:
Hilf uns, Herr, nie nach äußeren Kriterien zu bewerten, sondern in tiefer Achtung vor dem göttlichen Geheimnis eines jeden Menschen miteinander umzugehen. Und wenn wir selbst einmal nackt dastehen, wenn wir nichts mehr haben, wohinter wir uns verbergen können, dann lass uns mit uns selbst, mit Gott und mit den Menschen im Klaren sein, lass uns ein gutes Gewissen haben, damit wir aufrecht dastehen können, ohne Angst um unsere Würde. Schenke uns einen Glauben, der nach dem Vorbild Jesu den Halt des eigenen Lebens ganz in Gott verankert hat.

11. STATION

Jesus wird ans Kreuz genagelt

Bibelstelle:
Sie durchbohrten mir die Hände und Füße.
Man kann all meine Knochen zählen;
sie gaffen und weiden sich an mir. (Ps 22,17–18)

Lagererinnerungen:
Am Karfreitag 1942 hörte der Priester Pjotr Dakowski aus Zakopane
von einem Kapo in Auschwitz: „Heute wirst Du wie Dein Meister gekreuzigt werden." Pjotr Dakowski bekam einen schweren Holzbalken
auf seine Schultern, unter dem er paar Mal fiel, bis er unter dem
Schuh des Mörders starb. – In der Strafkompanie wurde einem jüdischen Häftling ein Kranz aus Stacheldraht auf den Kopf gedrückt.[14]

Meditation:
Nicht der starke arische Übermensch offenbart uns die Wahrheit über
den Menschen, sondern der Gekreuzigte, der in seiner Ohnmacht
stark ist, weil er wahr ist. „Fürchtet Euch nicht vor denen, die den
Leib töten können. Fürchtet Euch vor dem Tod des Geistes, vor dem
Tod der Wahrheit, vor dem Tod der Liebe!"
Nicht selten sind die wirklichen Sieger von Auschwitz die Opfer gewesen. Beim polnischen Prozess gegen den Kommandanten von Auschwitz, Rudolf Höß, sagte der Vorsitzende Richter Eimer in seiner Er-
öffnungsrede: „Im Wissen um unsere große Verantwortung gegenüber
den Toten und Lebenden wollen wir nicht aus dem Auge verlieren,
worum es bei dem Kampf derer, die die Freiheit der Völker lieben,
ging. Das große Ziel war die Achtung vor der Würde des Menschen.
Sie soll auch dem Angeklagten zukommen, denn vor dem Gericht
steht er vor allem als Mensch."[15]

Gebet:
Lehre uns, Herr, den aufrechten Gang. Lehre uns, Herr, für Wahrheit und Gerechtigkeit, für Barmherzigkeit und Solidarität einzutreten, auch wenn es Nachteile bringt, auch wenn es uns ans Kreuz nagelt. Schenke uns den Glauben, der die Kraft dazu schenkt.

Schenke uns die Gnade, so wie Dietrich Bonhoeffer, der evangelische Theologe, angesichts seiner bevorstehenden Hinrichtung durch die Nazis, beten zu können:

Noch will das Alte unsre Herzen quälen,
noch drückt uns böser Tage schwere Last,
ach Herr, gib unsern aufgescheuchten Seelen
das Heil, für das Du uns bereitet hast.

Und reichst Du uns den schweren Kelch, den bitteren,
des Leids, gefüllt bis an den höchsten Rand,
so nehmen wir ihn dankbar ohne Zittern
aus Deiner guten und geliebten Hand.

Von guten Mächten wunderbar geborgen
Erwarten wir getrost, was kommen mag.
Gott ist mit uns am Abend und am Morgen
und ganz gewiss an jedem neuen Tag.

12. STATION

Jesus stirbt am Kreuz

Bibelstelle:
Jesus, wir hören Deinen Schrei: „Mein Gott, mein Gott, warum hast
Du mich verlassen" (Mk 15,34), wir hören aber auch den Satz: „In
Deine Hände lege ich meinen Geist." (Lk 23,46)

Lagererinnerungen:
Die vielleicht bekannteste Erinnerung an Gottesverlassenheit in Auschwitz stammt von Elie Wiesel:

„Nie werde ich diese Nacht vergessen, die erste Nacht im Lager, die
aus meinen Leben eine siebenmal verriegelte lange Nacht gemacht
hat. Nie werde ich diesen Rauch vergessen. Nie werde ich die kleinen
Gesichter der Kinder vergessen, deren Körper vor meinen Augen als
Spiralen zum blauen Himmel aufstiegen. Nie werde ich die Flammen
vergessen, die meinen Glauben für immer aufzehrten. Nie werde ich
das nächtliche Schweigen vergessen, das mich in alle Ewigkeit um die
Lust am Leben gebracht hat. Nie werde ich die Augenblicke vergessen, die meinen Gott und meine Seele mordeten, und meine Träume,
die das Antlitz der Wüste annahmen. Nie werde ich vergessen, und
wenn ich dazu verurteilt wäre, so lange wie Gott zu leben. Nie."[16]

Meditation:
Wir wollen an dieser Stelle für alle beten, die in oder nach Auschwitz
nicht mehr beten können. Der Himmel über Auschwitz war damals
schrecklich leer. Ohne Schmetterlinge, ohne Vögel und ohne Grün.
Für viele ist er seitdem auch im religiösen Sinn leer geworden, Gott
nicht mehr zu finden. Wir wollen diese Erfahrungen ganz ernst nehmen und es uns mit unserem Glauben nicht zu leicht machen.

Gebet:
Wir wollen eine Weile in Stille beten.

...

Das letzte, unvollendete Werk der Karmelitin Edith Stein heißt „Kreuzeswissenschaft". Darin schreibt sie:

„Wir wissen, ... dass ein Zeitpunkt kommt, in dem die Seele ... völlig in Dunkelheit und Leere versetzt wird. Es bleibt ihr gar nichts anderes mehr, woran sie sich halten könnte, als der Glaube. Der Glaube stellt ihr Christus vor Augen: den Armen, Erniedrigten, Gekreuzigten, am Kreuz selbst vom göttlichen Vater Verlassenen. In seiner Armut und Verlassenheit finden sie die ihre wieder."[17]

13. STATION

Jesus wird in den Schoß seiner Mutter gelegt

Bibelstelle:
Bei dem Kreuz Jesu standen seine Mutter und die Schwester seiner Mutter, Maria, die Frau des Kleophas, und Maria von Magdala.
(Joh 19,25)

Lagererinnerungen:
Pater Maximilian Kolbe, ein großer Verehrer Mariens, sagte vor seiner Verhaftung in einer seiner letzten Ansprachen an die Brüder seines Klosters:

„Den König der Liebe kann man nur durch die Liebe ehren, man kann Ihm als Gabe nur die Liebe geben." ... Ein Jahr später war Kolbe schon tot. Er war für einen anderen Häftling freiwillig in den Hunger-bunker gegangen. Nicht nur für Polen ist er ein Symbol des Sieges über die Macht des Hasses und des Todes in der Kraft des Glaubens und der Liebe.

Meditation:
An dieser Station wollen wir besonders an das polnische Volk denken. Es findet sich auf dem Hintergrund seiner Geschichte in der Situation der „Pietà" wieder, in der die Mutter ihren toten Sohn in den Armen hält. Auch die Ikone in Tschenstochau ist geprägt von einem traurigen Blick, der um Leid und Tod weiß und der dennoch nicht aufhört, auch in der „dunklen Nacht" an Gottes Verheißung zu glauben. Wir wollen uns dem Gebet anschließen, das die polnische Gemeinde auf ihrem Kreuzweg an dieser Station betet:

Gebet:
Lasst uns beten für das polnische Vaterland, das so oft gekreuzigt wurde, damit seine Töchter und Söhne Gott treu bleiben, jeden Hass überwinden und den Weg der Wahrheit und Gerechtigkeit gehen. Gegrüßet seist Du Maria ...

14. STATION

Jesus wird ins Grab gelegt

Bibelstelle:
„Die Hand des Herrn legte sich auf mich und führte mich im Geist hinaus
und versetzte mich in eine Ebene.
Sie war voll mit Gebeinen, ... sie waren ganz ausgetrocknet.
Er fragte mich: Menschensohn, können diese Gebeine wieder lebendig werden?
Ich antwortete: Herr und Gott, das weißt nur Du.
Da sagte er zu mir: Sprich als Prophet über diese Knochen ...
Da sprach ich als Prophet wie mir befohlen war;
und noch während ich redete, hörte ich auf einmal ein Geräusch:
Die Gebeine rückten zusammen...
Da sagte er zu mir: Rede als Prophet zum Geist...
Da sprach ich als Prophet, wie er mir befohlen hatte, und es kam Geist in sie.
Sie wurden lebendig und standen auf – ein großes, gewaltiges Heer.
Er sagte zu mir: ... So spricht Gott, der Herr:
Ich öffne Eure Gräber und hole Euch, mein Volk, aus Euren Gräbern herauf.
Ich bringe Euch zurück in das Land Israel.
Wenn ich Eure Gräber öffne und Euch, mein Volk aus Euren Gräbern heraufhole,
dann werdet ihr erkennen, dass ich der Herr bin." (Ez 37,1–14)

Meditation:
Das Grab hat nicht das letzte Wort. Wir glauben daran, dass Gott die Opfer nach ihrem Tod nicht im Stich lässt. Aber auch sozusagen hier auf Erden darf der Tod von Auschwitz nicht das letzte Wort haben. Aus den Knochenresten, die aussehen wie Samenkörner, muss neues Leben entstehen. Auschwitz muss ein Ort werden, der der Welt die Würde jedes einzelnen Menschen bewusst macht und uns in unsere große Verantwortung für den Frieden ruft. So wie einmal aus ganz Europa Menschen nach Auschwitz in den Tod fuhren, so muss die Botschaft von der unverletzbaren Würde aller Menschen in die Welt

hinausgetragen werden. Wie es einmal viele Soldaten des Todes gab, so sind wir heute gerufen, unser ganzes Leben einzusetzen für Frieden, Versöhnung und Solidarität. Wenn wir dafür unser Leben geben, geben wir nicht mehr, als alle Opfer gegeben haben.

Gebet:
Herr, mache mich zu einem Werkzeug Deines Friedens,
dass ich liebe, wo man hasst,
dass ich verzeihe, wo man beleidigt,
dass ich verbinde, wo Streit ist,
dass ich die Wahrheit sage, wo Irrtum droht,
dass ich Glauben bringe, wo Zweifel droht,
dass ich Hoffnung wecke, wo Verzweiflung quält,
dass ich Licht entzünde, wo Finsternis herrscht,
dass ich Freude bringe, wo der Kummer wohnt.
Herr, lass mich trachten,
nicht, dass ich getröstet werde,
sondern dass ich tröste,
nicht, dass ich verstanden werde,
sondern dass ich liebe.
Denn wer sich hingibt, der empfängt,
wer sich selbst vergisst, der findet,
wer verzeiht, dem wird verziehen,
und wer stirbt, der erwacht zum ewigen Leben.
Wir wollen unseren Weg durch Auschwitz mit dem „Vaterunser" beenden. Es ist ein Gebet, das Juden und Christen beten können. Und jemand hat einmal gesagt, es sei ein Gebet, als ob es im Konzentrationslager entstanden sei:

Vater unser
Der du bist im Himmel
Geheiligt werde dein Name
Dein Reich komme
Dein Wille geschehe
Im Himmel wie auf Erden
Unser tägliches Brot gib uns heute
Und vergib uns unsere Schuld
Wie auch wir vergeben unseren Schuldigern
Und führe uns nicht in Versuchung
Sondern erlöse uns von dem Bösen
Denn dein ist das Reich
Und die Kraft
Und die Herrlichkeit
In Ewigkeit

Amen

Orte, an denen der Stationen gedacht werden kann:

1:     gleich hinter dem Todestor
2:     am Beginn der Rampe
3:     in der Mitte der Rampe
4:     im Frauenlager Blb
5:     an Gaskammer und Krematorium II
6:     am Mahnmal
7:     an Gaskammer und Krematorium III
8:     am sog. „weißen Haus", der 2. provisorischen Gaskammer
9:     auf der Wiese hinter der „Sauna"
10:    vor der „Sauna"
11:    vor Gaskammer und Krematorium V
12:    am Teich
13:    am Hauptweg zwischen den Lagern Blld und Bllc
14:    am Quarantänelager Blla, vor dem Kommandantur-Gebäude, heute Kapelle der Gemeinde Birkenau

Anmerkungen

6 Tadeusz Borowski, Bei uns in Auschwitz. Oświęcim 1992, S.114f.

7 A.a.O., S.120f.

8 Zofia Pohorecka. Von Mai 1943 bis Januar 1945 Häftling im Frauenlager, lebte in Oświęcim, wo sie am 5. Januar 2005 starb.

9 Elżbieta Piotrowska, Przesłuchanie, in: Wszystkie barwy czasu. C zyklem: Wizja lokalna w Oświęcimiu. Warszawa: Czytelnik 1967. Auch in: Na mojej zimi by OŚWIĘCIM ... Cęść II. Oświęcim w poezji współczesnej. Oświęcim 1993.

10 Stanisława Grabska, in: Więź 4/1992, S.42.

11 Nach Tygodnik Powszechny, 2. August 1992.

12 Theo Mechtenberg, Mieczysław Kościelniak, Kreuzweg des Maximilian Kolbe. Kevelaer 1982, S. IX.

13 Philomena Franz, Zwischen Liebe und Haß. Ein Zigeunerleben. Freiburg i.Br. 1985, S.51ff.

14 Vorfälle sind belegt in: Wiesław J. Wysocki, Bóg na nieludzkiej ziemi. Życie religijne w hitlerowskich obozach koncentracyjnych (Oświęcim-Majdanek-Stutthof). Warszawa: PAX 1982, S.105.

15 Warschau, 11. März 1947. Akten zum Höß-Prozeß im Staatlichen Museum Auschwitz-Birkenau, Bd.23, Bl.4.

16 Elie Wiesel, Die Nacht zu begraben, Elischa. Frankfurt/M; Berlin 1987, S.56.

17 Edith Stein, Kreuzeswissenschaft. Studie über Joannes a Cruce. Edith Steins Werke Bd.I. Freiburg; Basel; Wien 1983, S.107.

Übersetzungen aus dem Polnischen von M. Deselaers.

Dank

Ein besonderes Anliegen ist es mir, mich bei allen Teilnehmerinnen und Teilnehmern zu bedanken, die mich in den letzten 28 Jahren auf einer Fahrt nach Auschwitz und Birkenau begleitet haben.

Einen großen Anteil am Gelingen der Fahrten mit der Mobilen Jugendarbeit hatte nach meiner beruflichen Veränderung mein Freund Bernd Klenk, der die Tradition der Fahrten fortgesetzt und durch eigene Impulse konzeptionell weiterentwickelt hat.

Ohne meine Referentin Kathrin Etzel hätte ich die Fahrten mit unserer Organisation (Evangelische Gesellschaft Stuttgart) in den letzten Jahren nicht durchführen können. Ihre Tatkraft und ihre große Aufmerksamkeit auch für die kleinen Dinge waren für mich unersetzlich. Dafür gelten ihr mein Dank und meine ganze Anerkennung. Sie hatte die Federführung bei der gesamten Planung, Organisation und Konversation mit den Teilnehmerinnen und Teilnehmern und Partnern vor Ort und in Polen. Sie verantwortete mit mir gemeinsam die Fahrten.

Persönlich gilt mein größter Dank meiner Frau Heike, die ich auch auf Auschwitz-Fahrten, die sie verantwortete, begleitet habe, und die mich/uns immer, wenn es ihre Zeit erlaubt hat, auf unseren Fahrten begleitet hat. Sie war eine Bereicherung für unser Team.

Ohne das Lektorat durch meine Freundin Brigitte Winter wäre das Buch in dieser Form nicht erschienen. Dafür bin ich ihr sehr dankbar.

Bei Pater Deselaers und Schwester Mary bedanke ich mich ganz herzlich für die Erlaubnis, die Kreuzwegmeditation in das Lesebuch aufnehmen zu dürfen.

Ich bedanke mich beim Vorstandsvorsitzenden der Evangelischen Gesellschaft Stuttgart, Herrn Pfarrer Heinz Gerstlauer, für sein Begleitwort und dafür, dass er es ermöglichte, dass diese Fahrten als Weiterbildung anerkannt und gefördert wurden.

Einen herzlichen Dank richte ich noch an Frau Fritsch und Frau Bacher vom Verlag die professionell und engagiert die Endredaktion übernommen haben.

Den allergrößten Dank richte ich an die Teilnehmerinnen und Teilnehmer, die einen Beitrag zu diesem Buch geleistet haben. Sie haben sich geöffnet und lassen uns teilhaben, was sie in Auschwitz und Birkenau erlebt und erfahren haben. Das ist nicht selbstverständlich und erfordert Mut.

Volker Häberlein
Ludwigsburg, im Juli 2014